4차 산업시대의
기업가정신과 창업

김만술 | 박철수 | 윤재호 | 조진행 | 민정기

명경사
MYUNGKYUNGSA

머리말

세계적인 석학 필립 코틀러는 "4차 산업혁명 시대를 맞이하여 불확실한 미래에 대한 확실한 성공비법은 기업가정신에 있다."고 말했다. 새로운 시대를 준비하는 우리나라의 도전과 혁신의 노력은 4차 산업혁명 시대를 대비한 혁신성장에 집중되어야 한다. 그리고 혁신성장의 기반에는 도전과 열정으로 변화와 성장을 도모하는 '기업가정신(Entrepreneurship)'이 있다.

기업가정신이 창업을 준비하거나 스타트업(Start-up) 관계자, 또는 CEO들에게만 요구되는 한정된 개념으로 구분을 지어서는 안된다. 미국의 경영학자 피터 드러커는 기업가정신을 '위험을 무릅쓰고 포착한 기회를 사업화 하려는 모험과 도전의 정신'이라고 정의하였다. 또한 '기업가정신만이 경제를 지속적으로 발전시킬 수 있는 핵심요소'라고 하였다.

우리나라 뿐만 아니라 세계적으로 저성장 시대가 지속 되면서 새로운 모멘텀을 만들기 위해서는 기업가정신을 살려내야 한다. 세계경제의 저성장, 고실업 문제에 대응하고, 새로운 성장경로를 개척하기 위해 혁신, 4차산업혁명, 디지털경제시대에 기업가정신의 핵심 요소는 기회 포착, 위험감수, 가치의 창출이라 볼 수 있다. 세계경제포럼은 기업가정신이 바로 우리 사회가 당면한 경제적 문제의 개선, 지속가능한 성장, 경제체제의 신규 전환과 삶의 질을 개선하는 등 다양한 문제점을 해결할 수 있는 수단이라고 제시하였다.

2018년 1월 세계 최대의 기업가정신 행사인 글로벌 기업가정신 연구(GEM : Global Entrepreneurship Monitor) 학술행사가 서울에서 열렸다. GEM은 1999년 영국 런던대 경영대학원과 미국 뱁슨대학이 공동 기획하여 세계 70여개국이 참여하는 기업가정신 연구 프로젝트다. 한국에서는 '한국 청년 기업가정신 재단'과 '창업진흥원'이 2008년부터 대표 기관으로 참여하고 있으며, 특히 2018년 GEM 총회에서는 기업가정신 교육의 중요성을 더욱 강조하고 있다.

GEM 총회에서 발표한 내용에 따르면 54개국 가운데 한국은 초기창업활동(TEA, 창업 42개월 미만 창업자) 21위, 기회형 창업 8위, 생계형 창업은 23위로 나타났다. 여전히 생계형 창업비중이 높긴 하지만 기회형 창업비중이 급격하게 상승하였다. 아울러 실패에 대한 두려움 35위, 창업기회인식 38위, 창업역량보유 34위, 창업의도 20위 등 창업태도에 관한 주요 지표도 미흡하지만 지속적으로 개선되고 있는 것으로 조사됐다. 우리나라의 경우 정부의 정책과 지원제도는 매우 우수하지만 상업, 법률 인프라와 사회, 문화 규범 분야는 개선이 필요하다고 지적했다. 창업지원에 대한 정부정책은 9점 만점에 5.76점으로 54개 국가 가운데 4위, 정부의 창업지원 프로그램은 4.86점(이하 9점 만점)으로 18위를 기록했다. 그러나 기업가정신교육은 3.94점 47위로 나타나 개선이 시급한 분야로 지적되었다.

우리나라도 2018년부터 기업가정신 교육이 중 · 고교 정규 교과에 포함되고, 기업가정신 관련 통계가 국가 통계로 지정되는 등 변화가 일고 있다. 그러나 아직도 대학을 비롯한 고등교육기관에서는 기업가정신 교육이 피상적인 양적인 확대 그리고 창업교육이라는 카테고리에 묶여 있다. 기회를 포착하고, 위험회피가 아닌 위험감수, 그리고 이를 통한 경제사회적 가치창출이라는 기업가정신 본연의 교육으로 돌아가야 한다.

미래는 항상 불확실하며, 불확실한 것은 항상 두려움 속에서 희망의 씨앗을 퍼트리곤 한다. 위기를 기회로 바꾸고 기회를 경험으로 생각하자. 기회인 위기와 기회가 아닌 위기는 모두 자신에게서 비롯된다. 많은 이들이 우려하는 위기의 한국은 4차 산업혁명에서 반드시 기회의 경험을 획득해야 한다. 그래서 중소기업, 벤처기업 그리고 청년 스타트업의 역할과 책임은 막중하다. 미래의 불확실성 속에서도 장래를 정확하게 예측하고, 변화를 모색하는 실천적 기회, 창조 역량으로서의 기업가정신이 필요하다.

인간과 기계의 융합, 가상과 현실의 융합, 스마트, 네트워크, 자율과 같은 특징을 보이는 4차산업혁명은 인간의 생산 활동 혹은 생산 양식에 근본적인 변화를 일으키고 있다. 2014년 Economist지에서는 세계적으로 클라우드 컴퓨팅, 오픈소스 소프트웨어, 크라우드 펀딩, 인공지능의 부상으로 인해 창업 기업들은 과거와 달리 적은 비용으로 최대의 효과를 낼 수 있는 기회를 가질 수 있다고 하였다.

한편, 기업은 디지털 역량을 통해 고객과 시장의 파괴적 변화를 이끄는 '디지털 전환(Digital Transformation)'에 주목하고 있다. 디지털 전환으로 인해 기업이 데이터 분석을 기반으로 고객을 이해하고, 고객과 더욱 밀접한 관계를 바탕으로 민첩하게 반응할 수 있게 되었다. 이러한 디지털 전환은 4차 산업혁명 시대를 맞이하면서 기업이 패러다임 변화에 적합한 비즈니스 모델(Business Model) 혹은 프로세스(Process)를 바탕으로 최대의 가치(Value)를 창출할 수 있게 된다.

새로운 가치창출 활동 즉, 혁신을 이끄는 것이 '기업가정신'이라고 할 때 4차 산업혁명 시대의 기업가정신의 키워드는 린스타트업, 액셀러레이터, 플랫폼 창업 등으로 이전과는 다른 방식이 적용되고 있다. 기존 기업이 '어떻게 더 잘 할 수 있을까(Doing Well)'를 고민했다면, 앞으로는 '어떻게 더 좋게 만들 수 있을까(Doing Good)'로 문제의식이 변화되고 있다. 즉, 기업 활동의 목적이 기업의 경제적 지속가능성에서 인간과 사회 · 경제의 가치 창출 및 기여로 이동하고 있다. 전통적인 기업 활동의 요소였던 '비전 – 열정 – 변화 –

실험 – 탁월성'과 더불어, '위임–윤리 – 평등 – 동기부여 – 생태계'의 인간 중심 요소를 고려한 기업가정신 발휘가 균형적으로 강조되고 있다.

4차 산업혁명 시대의 혁신은 기업의 전유물 또는 기업으로 자리매김하기 위한 과정으로서가 아니라 개인 자체를 혁신가로 잠재적인 기업가(Entrepreneur)로 상정하고 있다. John Alic 교수는 '모든이가 혁신가인가?' 라는 글에서 "적어도 우리는 우리 각자의 삶을 발명해가고, 집합적으로는 우리의 미래를 발명해간다(Everyone an innovator? Well, we all invent our own lives, just as we collectively invent the future)."고 하였다.

앞으로는 신기술에 민감해야 한다. 소프트웨어 코딩은 언어 교육과 같아질 것이다. 그래서 Gratton 교수는 "새로운 기술과 새로운 전문성을 습득하는 것이 평생동안 작업이 될 것이다"라고 하였다. 또한 제너럴리스트(Generalist) 보다는 자신만의 전문지식과 기술을 보유하고 유연한 전문 능력을 발휘할 수 있어야 하며, 개인이 보다 창의적이고 사회적인 지식을 갖추는 것이 요구되어지고, 전통적인 일에서는 나와 직장으로 구성되어 있으나, 미래의 일에서는 나와 다른 협력자 들이 수시로 파트너로서 유동적으로 바뀌게 될 것이다.

4차 산업혁명 시대의 기업의 혁신 활동은 '문제인식 – 해결방안 마련 – 사업화 및 실행 – 가치 창출'의 프로세스를 거쳐 이루어질 것이고, 이를 뒷받침하는 것이 개인과 기업 조직의 기업가적 역량(즉, 기업가정신)이라 할 수 있다.

기업가정신이라는 단어는 기업을 경영하는 사람에게만 필요한 것은 아니다. 세계가 하나로 연결된 지금 옆자리의 동료만이 경쟁자가 아니다. 이제는 전 세계 모든 사람이 경쟁자이다. 어디서, 무슨 일을 하든 기업가정신을 가지고 자신을 경영하지 않으면 시대에 뒤떨어지게 된다. 4차 산업혁명을 피할 수 없는, 이미 현재가 된 미래에서 살아남고 싶은가? 본서가 젊은이들에게 기업가정신을 고취시키고 이런 기업가정신 교육을 통하여 형성된 기업가에 대한 긍정적 인식이 향후 혁신을 위한 도전에 밑거름이 되어 교원, 공무원 등 안정적 직업에 대한 선호가 강한 우리 젊은이들에게 기업가(Entrepreneur)라는 직업이 진로의 하나로서 도전이 되었으면 한다. 대학 학창시절때에 주변에서 문제를 발견하고, 다양한 아이디어를 통해 문제를 해결하는 체험형 교육을 통해 기업가정신을 키우고 궁극적으로는 '창업가'를 진로 중 하나로 자연스럽게 인식할 수 있는 기반이 만들어지기를 집필자들은 희망해본다.

끝으로 이 책이 나오기 까지 도움을 주신 여러분께 감사드린다. 이 책이 출간될 수 있도록 물심양면 지원과 격려해 주신 한라대학교 김응권 총장님께 진심으로 감사드린다. 뿐만 아니라 이 책이 출간되기 까지 다양한 아이디어와 직접 강의를 맡아 주실 고재현, 김연행, 김충근, 김현호, 박용석, 손정원, 송영선, 이동희, 이덕수, 한양우, 한석만 교수님, 그리고 출판에 도움을 주신 김소민 대표와 도서출판 명경사 한의명 사장님께 감사드린다.

2020년 봄, 치악산을 바라보며

공동 집필진 일동

차례

Chapter 4 창업의 개념과 기회의 발견

Chapter 5 비즈니스 모델의 이해

Chapter 6 사업계획 수립

차례

Chapter 10 한국의 기업가정신 사례

CHAPTER

01

창업과 진로선택

1. 창업이 일자리에 어떤 영향을 미치는지 살펴봅니다.
2. 대학에서 창업에 관해 공부하는 것이 왜 중요한지 살펴봅니다.
3. 우리나라 창업 환경을 살펴봅니다.

#기대수명
#창업교육
#기업가정신교육
#학생창업

1. 창업, 꼭 해야 하나요?

불과 얼마 전까지만 해도 많이 등장하는 키워드가 '100세 시대'였습니다. 그러나 최근에는 많은 미래학자가 100세를 넘어 120세 시대의 개막을 예고하고 있습니다. 미국의 미래학자 안네 리세 키예르는 2030년에, DNA 생체시계를 발견한 스타브 호바스 교수는 2050년에, 미국 노화전문연구소 벅연구소는 2100년에 120세 시대가 열리리라 전망하고 있습니다. 우리나라의 경우 2017년 인구의 14%가 65세 이상인 고령사회에 진입했고, 주민등록 인구 통계에 따르면 2019년 11월 현재 우리나라의 100세 이상 인구는 2만 명을 넘어섰습니다.

100세 아니, 120세까지 살 수 있을까요? 이제 막 20살에 진입한 여러분 대부분은 아직 생소한 이야기로 들릴 것입니다. 그러나 1970년 63세에 불과했던 기대수명은 2017년 82.7세(남자 79.7세, 여자 85.7세)로 약 50년 사이에 20년 이상 늘어났습니다. 의학의 발달과 사람들의 건강에 대한 관심을 고려하면, 이 책을 읽는 대학생 여러분들은 실제로 100세 시대를 경험할 가능성이 큽니다.

기대수명보다 더 중요한 것은 아프지 않고 활동을 하면서 건강하게 살 수 있는 기간을 나타내는 건강수명입니다. 건강수명은 2017년 기준 남자 64세, 여자는 64.9세로 나타났습니다. 그러면 여기서 잠깐, 우리는 몇 년동안 일하고 살아야 하는지 계산해 봅시다. 잡코리아 설문조사에 따르면 2016년 기준 신입사원 평균연령이 남성은 28세, 여성은 27세이며, 통계청에 의하면 우리나라 퇴직연령은 남성의 경우 51.6세, 여성의 경우 47세로 집계되고 있습니다. 의학의 발달과 학생들의 건강에 대한 관심을 고려하면 여러분들은 대략 78세 전후까지 건강하게

그림 1-1 한국인의 평균 수명과 입사 · 퇴직 건강연령

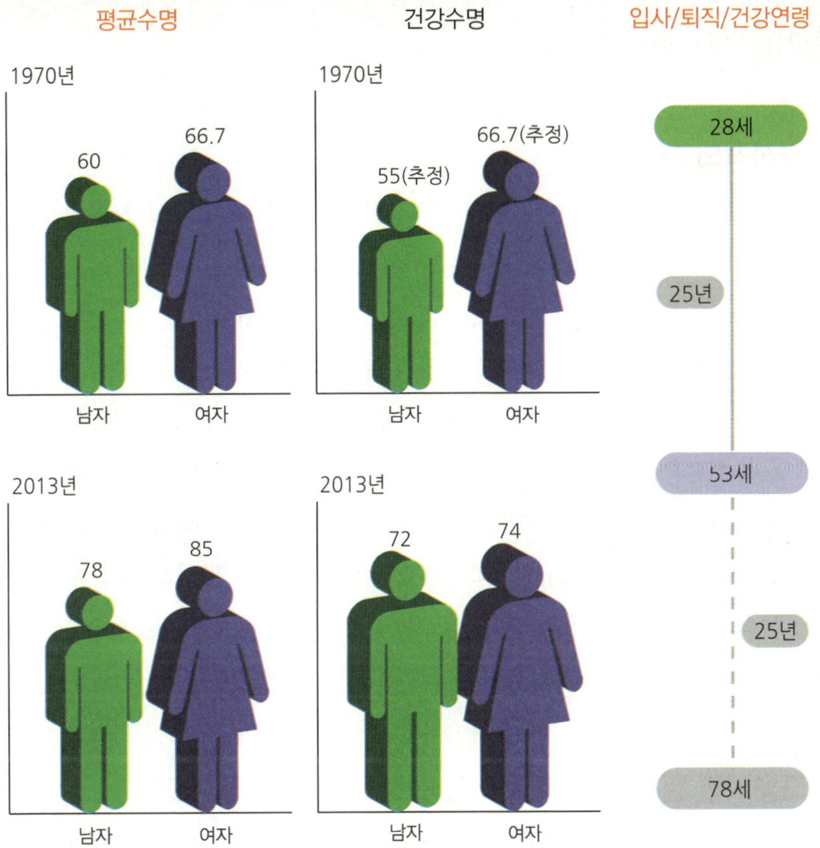

일할 수 있을 것입니다. 이를 바탕으로 계산해보면 내가 직장에서 일하는 기간은 대략 25년이며, 퇴직 후 건강하게 사는 기간은 25년이라는 값이 나옵니다.

여러분이 목표대로 취업하면 25년은 열심히 일할 수 있을 것입니다. 그렇다면 퇴직 이후 25년은 어떻게 살아야 할까요? 기대수명과 건강수명은 지속해서 늘어나겠지만, 직장생활을 할 수 있는 나이는 늘지 않을 것입니다. 따라서 가장 이상적인 것은 25년이라는 직장생활을 통해 습득한 지식과 기술을 바탕으로 작은 자본으로 할 수 있는 나만의 일을 스스로 만드는 것입니다. 바로, 창업입니다.

창업이 일자리를 만듭니다. 성장과 분배, 특히 일자리 문제에 있어 전 세계적으로 창업기업의 중요성이 증가되고 있습니다. 기술기반 창업들이 좋은 일자리를 만들고 있기 때문입니다.

저성장의 시대

한국 경제는 지난 60년간 대기업의 주력산업을 중심으로 성장해 왔으나, 금융위기 이후 저성장 시대에 진입하면서 성장, 고용 창출 및 분배의 한계를 나타내고 있습니다. 잠재성장률은 2000년대 초 5.0%에서 2016년 2.8%까지 지속해서 감소하고 있으며, 주력산업인 제조기업의 매출 이익률과 영업 이익률이 모두 감소하는 등 성장세가 둔화되고 있습니다. 대기업이 성장하면 그 혜택이 중소기업으로 흘러 선순환된다는 '낙수효과'는 효력을 상실한 지 이미 오래입니다. 오히려 대기업-중소기업 간 연결고리가 약화되는 '디커플링(de-coupling)' 현상이 심화되고 있습니다(중소기업연구원, 2017). 뿐만 아니라 자동화 등으로 인한 '고용 없는 성장'으로 고용 창출력이 약화되고 있으며, 특히 청년 일자리 문제가 심각한 사회문제로 대두되고 있습니다.

그렇다면 일자리 문제를 어떻게 해결할 수 있을까요?

OECD(2013)는 창업 후 6년 이상 기업은 매년 일자리가 연평균 2.07% 감소하였지만, 창업 후 5년 이내의 기업은 매년 2.87%의 새로운 일자리를 창출한 것으로 보고하였습니다. 대표적인 스마트 팩토리 독일 암베르크의 지멘스 부품공장을 살펴봅시다. 25년간 생산 규모는 연간 150만 개 부품에서 연간 1,200만 개로 8배 증가했으며, 제품 결함은 100만 개당 550여 개에서 12개로 줄였으나, 일자리는 1,000개로 동일합니다(2016). 부품제조업체, 조립공장, 물류, 판매회사 등 생산, 판매 전 현장이 인터넷으로 연결되어 있고 공장재 생산 장비와 부품 등 모든 사물에 인터넷 클라우망이 접속되어 있습니다. 생산 라인 기계들이 서로 정보를 끊임없이 주고받으며 재고량에 따라 생산량을 자동으로 조절합니다. 공장 전체

표 1-1 **전체실업률과 청년실업률 비교** (단위 : 만 명, %)

	2014	2015	2016	2017	2018	2019
취업자 증감	59.8	28.1	23.1	31.6	9.7	30.1
농림어업	-6.7	-10.9	-6.5	0.6	6.2	5.5
제조업	15.2	14.6	-2.1	-1.8	-5.6	-8.1
건설업	4.9	2.5	1.5	11.9	4.7	-1.5
실업자	93.9	97.6	100.9	102.3	107.3	106.3
실업률 (%)	3.5	3.6	3.7	3.7	3.8	3.8
청년실업자	37.8	38.9	42.6	42.6	40.8	38.6
청년실업률(%)	9.0	9.1	9.8	9.8	9.5	8.9

공정의 75%를 기계가 스스로 판단한다고 하니 일자리가 늘지 않은 것이 설명됩니다.

미국의 통계도 41만개 이상의 창업기업들이 2백5천만개의 일자리를 새롭게 창출한다는 점을 보여줍니다(US Census Bureau). 미국의 카우프만 재단은 1977년부터 2005년까지 순 일자리 증가를 주도해온 기업이 어떤 유형의 기업이었는가에 대한 연구를 진행했는데, 이 연구에 따르면 일자리 창출을 주도해온 기업은 창업한지 5년이 되지 않은 신생 기업들이었습니다. 그리고 창업 5년이 넘은 기업들은 순 일자리 증가에 크게 기여하지 못했습니다. 1980년대 이후에 창업 5년이 넘은 기업들이 순 일자리 증가에 기여한 해는 1984년, 1995년, 2000년으로, 미국 경제가 초호황을 누리던 단 3년에 불과했습니다. 이 결과는 결국 경제 전체가 엄청난 호황기를 맞이하는 경우를 제외하고는 창업한지 수십 년 넘은 대부분의 **대기업들은 순 일자리 창출에 크게 기여하지 못했다**는 것을 의미합니다.

마지막으로 우리나라의 상황도 살펴봅시다. 우리나라도 기존기업에 비해 창업기업의 고용창출 기여도가 훨씬 큰 것으로 나타나고 있습니다. 한국개발연구원이 발표한 결과에 의하면 12~14년간 평균 취업자수 증가(26.8만명)의 89.6%가 1년 이내 창업기업에서, 17.9%가 창업 1~5년 사이의 기업에서 발생했습니다(2017). 고용증가율 통계 역시 벤처기업이 9.1%로 가장 높고 일반중소기업 2.7% 그리고 대기업이 2.1%로 나타났습니다.

최근 우리나라 젊은 세대들은 최근 들어 '좋은 일자리'에 대한 생각이 변화하고 있는데 상대적으로 낮은 창업기업의 급여에도 불구하고 창업기업을 좋은 일자리로 인식하는 경향이 나타나고 있습니다. 취업포털 잡코리아는 직장인 585명을 상대로 벌인 온라인 설문조사(2017)에서 좋은 직장의 조건을 물은 결과 50.6%(복수응답)가 '근무시간 보장'을 지목했으며, 우수한 복지제도(34.2%), 일과 사생활의 양립(27.5%), 높은 연봉(24.1%), 고용 안정성 보장(15.2%) 등을 좋은 직장의 조건으로 제시하였습니다.현재와 같은 저성장 국면에서 기존의 대기업에게 대규모의 고용창출을 기대하는 것은 현실적으로도 어려운 일인데다 확률적으로도 매우 희박한 일입니다. 카우프만 재단의 연구는 일자리 창출의 3분의 2를 담당해온 기업은 창업 5년 미만의 기업들이었기에, 혁신적인 스타트업들이 경제계 내에 끊임없이 등장하고 경제의 중추로 성장하지 않는 한, 기존의 대기업에만 의존하는 일자리 정책은 효과를 얻기 힘들다고 결론을 내렸습니다. 창업은 일자리를 만드는 해결책입니다.

News Briefing

'연봉 반토막도 좋다, 대기업 때려치고 스타트업 우르르'

***모바일 콘텐츠를 제작하는 스타트업 '피키캐스트'에서 에디터로 일하는 김모씨(30)**

"대기업에서 계속 일할 자신이 없었어요. 행복하지 않았어요. 대기업보다 연봉은 30% 가량 줄어들었지만 좋아하는 글쓰기 일을하는 것이 행복해요."

***1년 전 A제조기업에서 2년차 소셜미디어 스타트업으로 이직한 최모(39)씨**

최씨의 연봉은 6000만 원에서 5000만원 선으로 깎였지만 직급은 사원에서 팀장으로 올랐다. 무엇보다 매년 일정 금액 범위 내에서 주식을 받는다. "지난해 약 3000주를 받았어요. 현재 주식 가치는 주당 1만 원 정도인데 미래가 밝은 회사에서 일하는 게 자랑스럽습니다."

(자료출처 : 조선일보, 2015. 02. 09)

2. 창업 교육의 필요성

이미 세계의 여러 주요 대학들은 산학협력과 기업가정신 교육을 통해 기업가적 대학(Entrepreneurial University)로 변화하여 지역 창업 생태계 형성을 주도하고 있습니다. 대학은 우수한 연구인력, 연구 장비와 지식재산이 집적되어 있는 "창업의 보고"입니다. 실제로 해외 유명한 혁신단지인 미국의 실리콘밸리, 중국의 중관춘, 영국의 테크시티는 지역 내 대학을 중심으로 성장하고 있으며, 창업의 전초기지 역할을 하고 있습니다.

미국 밥슨 칼리지	미국 창업 교육의 메카로 지난 10년간 교내벤처 5,000개 배출
핀란드 알토대학	노키아 몰락 후 창업 활성화 주도
일본 도쿄대	교수와 학생들이 창업한 스타트업은 2015년 8월 기준 240여 개로 5년 전인 2010년(120여 개)의 두 배가 넘음. 이 중 16개 기업이 IPO를 진행했고, 이들의 시가총액만 총 9,600억 엔에 이름(조선닷컴, 2016.01.06.).

그뿐만 아니라, 우리가 알고 있는 글로벌 기업의 창업가는 대부분 대학교 및 청년 시절에 창업을 경험하였고, 그 경험을 바탕으로 글로벌 기업을 만들고 새로운 일자리를 만들어 냈습니다. 애플의 스티브 잡스, 페이스북의 마크 저커버그, 마이크로 소프트의 빌 게이츠, 구글의 래리 페이지, 우버의 트레비스 칼라닉, 쿠팡의 김범석, 티켓몬스터의 신현성 대표 등은 대학생 시절에 창업을 경험했다는 공통점이 있습니다.

• 출생 1955. 2. 24
• 학력 리드대학교 철학과 1학기 후 중퇴
• 경력
  - 1976년 21살 나이에 스티브 워즈니악, 로널드 웨인과 함께 애플 창업
  - 1977년 애플 컴퓨터 주식회사를 공식 출범시키고 16년간 600만대의 pc를 판매
  - 2007년 스마트 폰이라는 신개념의 휴대폰인 아이폰을 출시
  - 2010년 아이패드를 세상에 내놓으면서 자기가 열었던 'PC' 시대를 닫고 '포스트 PC'시대를 열었음.

• 출생 1984. 5. 14.
• 학력 하버드 대학교 중퇴
• 경력
  - 대학 2학년인 2003년에 페이스북의 전신인 페이스 매쉬라는 프로그램개발. 이 프로그램은 일종의 이상형 월드컵으로 두 명의 남자나 여자 사진을 보여주고서 누가 더 마음에 드는지 선택하는 프로그램이었음.
  - 캠퍼스 얼짱 투표 프로그램을 만들기 위해 기숙사의 서버를 해킹
  - 대학 3학년인 2004년에 페이스북 창업, 그해 6월 하버드 중퇴

미국은 일찍이 1948년에 하버드 대학이 기업가정신연구소를 설립했고, 1인당 국내총생산량(GDP)이 2만 달러가 넘은 시기인 1988년부터 기업가정신 교육을 국가 주요 정책 어젠다(agenda)로 정해 청소년 기업가정신 교육을 시작했습니다. 미국 고등학생의 경우 30% 이상이 정규교과과정에서 기업가정신, 또는 창업 관련 과목을 수강하고 있습니다. 유럽연합도 2006년 오슬로 어젠다를 통해 청소년 기업가정신 교육의 중요성을 인식하고, 기업가정신을 정규 교과목으로 채택하도록 권고했습니다. 현재 EU 회원국 중 절반 정도가 초등학교에 기업가정신 정규 교과목을 두고 있고, 회원국의 3분의 2 정도가 중 · 고등학교에서 기업가정신 과목을 정규 필수로 지정하고 있습니다. 이처럼 미국과 유럽의 많은 나라의 학생들은 대학뿐 아니라 초 · 중 · 고등학교 때부터 기업가정신 교육을 받고 있습니다.

그림 1-2 기업가정신 교육과 취창업 역량 상관관계

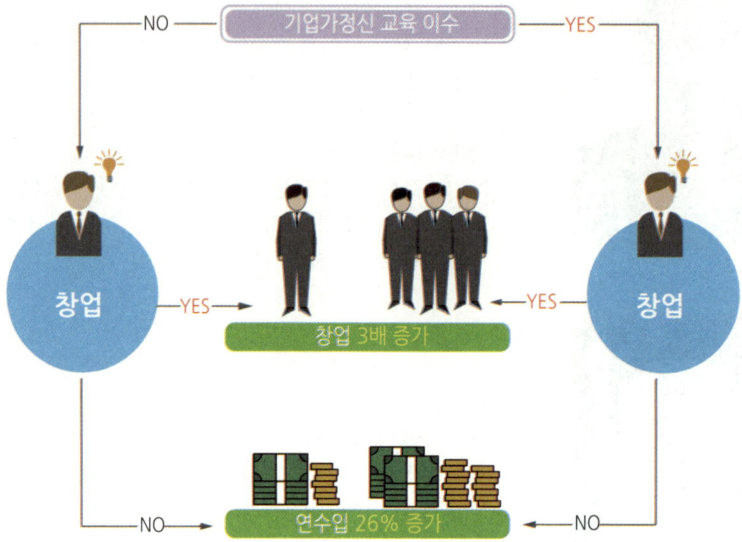

또한 학부 수준에서의 창업 교육은 개인의 창업 및 취업 역량 강화에 도움이 된다는 연구결과가 다수 존재하고 있습니다. 애리조나 대학의 경우 최근 13년 동안 졸업생을 추적 조사한 결과 창업 교육을 받은 학생이 그렇지 않은 학생보다 3배 정도 많이 창업했고 창업을 하지 않은 학생도 창업 교육을 받은 쪽이 그렇지 않은 졸업생에 비해 연간 수입액이 27%, 자산이 62%나 더 많은 것으로 조사되었습니다.

유럽의 9개 대학 졸업생을 대상으로 창업 교육 수강생과 비 수강생, 유럽청년기업협회(JADE) 출신을 포함하여 총 2,582명을 조사한 결과도 흥미롭습니다. 기업가정신교육 이수자가 비 이수자에 비해 창업에 도전하는 데 긍정적인 영향을 미치고 있으며 창업 교육 이수자가 비 이수자 대비 "취업률"이 월등히 높음을 나타냅니다.

그림 1-3 기업가정신교육(비)수강자의 창업의도와 직무경험 비교

〈기업가정신교육 (비)이수자의 창업의도 비교〉

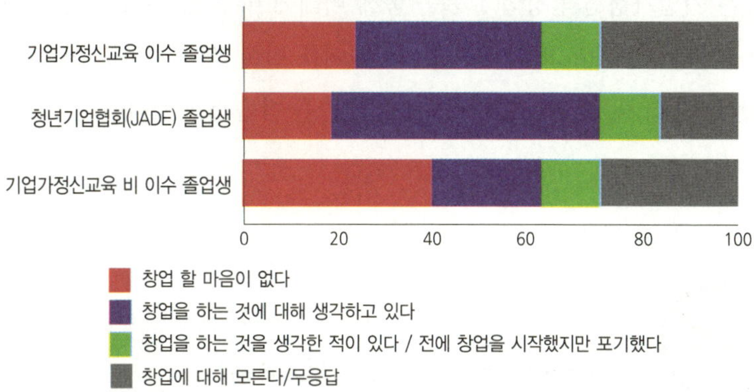

〈현재 유급고용 상태인 졸업생의 직무 경험 비교〉

	기업가정신교육 이수 졸업생	청년기업협회(JADE) 졸업생	기업가정신교육 비 이수 졸업생
나는 실업 상태였던 적이 한 번 있다	11%	19%	22%
나는 실업 상태였던 적이 두 번 이상 있다	1%	6%	8%
나는 졸업 후 바로 취업을 했다	78%	66%	59%

창업 교육이 왜 이런 영향을 미치는 걸까요?

여러분에게 창업의 정의를 폭넓게 바라볼 것을 제안합니다.

"창업(創業)은 자신의 사업을 시작하는 것"

창업을 'Start-up을 한다'는 정의에서 벗어나 회사나 조직에 입사해 새로운 프로젝트를 잘 수행하기 위해 혁신적인 도전을 마다하지 않고 결국 성공적인 결과를 거두는 역량도 넓은 의미에서 창업으로 바라볼 수 있습니다. 이를 학문적으로는 사내기업가(Corporate Entrepreneurship 또는 Intraprenership)라고 합니다.

이런 맥락에서 대학생들은 공대나 경상 계열만이 아니라 인문, 예술, 사회 등 다양한 학문 분야의 친구들과 소통하고 그 학문 특성을 이해할 필요가 있습니다. 학생들은 기업가정신과 창업 교육을 통해 미래에 마주 할 수 있는 변화를 예측하고, **기업가정신**을 배우고 창의적인 아이디어를 발굴 및 보호하고 이를 사업화 할 수 있는 **논리적 사고를 갖추는 구체적인 방법**을 학습하게 됩니다.

News Briefing

100세 시대 누구나 창업, 창업교육은?

* 고벤처포럼과 엔젤투자협회를 이끄는 고영하 회장은 은퇴 후 아무런 창업 교육 없이 무작정 창업에 나섰다간 실패하기 십상이라며 '100세 시대'를 맞아 창업 교육의 중요성을 강조했습니다. 고 회장은 '은퇴후 능동적인 대표의 역할이 요구되는데 기업에서 20~40년간 직장인으로 지내다 보면 수동형 인간으로 은퇴하기 십상'이라며 은퇴 후 속성으로 창업 교육을 받아봐야 그 실효성이 적다고 지적했습니다.
* 따라서 "유치원 때부터 창업 교육이 이루어져야 한다"며 "인생 설계 측면에서 언젠가 창업해야 하는 만큼 한 살이라도 더 어렸을 때 준비하고 교육을 받아야 그 효과를 극대화할 수 있다"고 주장했습니다. 고 회장은 "기업가정신을 배우면 독립성, 능동성, 인성, 비즈니스 능력 등도 종합적으로 함양할 수 있어 일반 사회생활을 하는데도 긍정적인 도움이 된다"고 덧붙였습니다.

(출처 : 머니투데이 2014. 07. 31.)

3. 우리나라의 창업환경

최근의 창업환경을 설명하는 키워드로는 생계형 소자본 창업의 우세, 대학생 및 청년 창업의 증가, 여성 창업의 증가, 직업관의 변화, 증가하는 정부의 창업지원정책이 있습니다.

생계형 소자본 창업의 증가

우리나라 최근 창업의 첫째 특징은 생계형 소자본창업의 강세입니다. 생계형 소자본창업은 전체 창업에서 상당한 비중을 차지하고 있습니다. 우리나라에서 소자본창업의 대표적 아이템은 치킨프랜차이즈라고 볼 수 있습니다. 1977년 최초의 치킨 프랜차이즈 '림스치킨'이 등장한 이래 1984년 KFC가 상륙하면서 치킨 프랜차이즈 창업이 활성화되기 시작했고, 1977년 외환위기 이후 별다른 기술 없이 소자본으로 가능한 치킨전문점이 주목받기 시작하면서 폭발적으로 증가했습니다. 2017년 현재 치킨전문점의 수는 3만 8천여 개로 2016년 대비 3,000개가 증가한 수치입니다. 인구 약 1,500명당 한 개에 이르며 영업 중인 치킨 브랜드만 해도 250여 개입니다. 그러나 조기 퇴직과 취업난으로 너도나도 치킨집을 열면서 경쟁은 심해지고 있으며, 새로 개업하는 치킨집 2곳 중 1곳은 3년을 못 버티고 문을 닫고 있는 상황입니다.

우리나라의 창업 생존율은 OECD 17개 주요 회원국 중 최하위에 그치고 있습니다. 2013년 기준 3년 후 생존율이 한국은 41%로, 룩셈부르크 66.8%, 호주 62.8%, 미국 57.6%, 이탈리아 54.8%에 비하여 현저하게 낮은 수준입니다. 우리나라는 과잉경쟁 상태인 생계형 창업이 63%로 가장 많고, 기회형 창업은 이보다 훨씬 낮은 21%에 머물고 있습니다. 기회형 창업은 이스라엘 58%, 미국 54%,

영국 53%, 일본 46%, 중국 43%에 비해 1/3 또는 절반 수준에 그치고 있습니다. 이러한 생계형 창업의 비중이 기회형 창업에 비해 높은 것은 앞으로의 우리가 해결해야 할 과제입니다.

청년창업, 대학생 창업의 증가

최근 고용 없는 성장 속에서 대학 졸업생은 지속해서 증가함으로써 청년 실업 문제는 국가적인 핵심 과제로 대두되고 있습니다.

앞서 1절에서 살펴본 바와 같이 청년 취업의 악화 추세는 일시적인 현상이라기보다는 신규 취업자 중심에서 경력자 중심으로 재편되는 산업 구조적인 변화라고 볼 수 있습니다. 2014년 정부 정책에 의해 정년 나이가 만 60세로 변경되면서 정년이 연장되었습니다. 그런데 실제로 정년 연장의 혜택을 받은 근로자는 공공부문과 일부 대기업에서 일하는 분들이었습니다. 법의 개정으로 공기업과 대기업은 신규채용에 부담을 느끼게 되었고 결과적으로 신규 채용인원이 감소하게 되었습니다. 평균 수명이 급격히 증가하는 가운데 우리 경제에 가해지는 충격을 완화하고 늦추기 위해 정년 연장이 도입되었지만, 역설적으로 청년 세대 일자리 문제의 구조적인 원인이 되었습니다.

이러한 변화 추세 속에서 대학생들은 처음부터 대기업 입사만을 준비하는 것보다 지속적인 경력 개발을 통해 숙련도가 높은 인재가 되는 경로를 선택하는 것이 대안이 될 수 있습니다. 아울러 적극적인 청년 창업도 대안이 될 수 있습니다. 대학생 및 청년창업자는 부양가족에 대한 의무가 상대적으로 적을 확률이 높고 기성세대에 비해 유연한 사고를 갖고 있으며 스마트혁신의 시대를 주도하는 디지털세대로서 융합기술 능력을 갖추고 있어 수많은 신 사업 기회 속에 둘러싸여 있습니다. 최근 각 대학의 창업 강좌와 중소벤처기업부, 창업진흥원 등에서 실시하는 창업세미나에 많은 대학생이 참여하고 있습니다. 창업연령도 갈수록 낮아지고 있고, 대학생 창업자의 수도 계속 늘어나고 있는 실정입니다.

여성창업의 증가

국내에서는 여성의 사회 참여에 대한 부정적으로 인식했던 문화가 존재해 외국에 비해 여성 창업자들이 상대적으로 부족한 편입니다. 세계적으로 고령화, 저출산 등의 환경 속에서 국가발전의 신동력을 찾기 위해 여성인력에 대한 관심이 고조됨에 따라 여성들의 적극적인 경제활동이 이루어지고 있습니다.

여성 사업자의 비율 추이를 통계청 '전국사업체 기초통계조사'자료로 살펴보면 1998년 93만 2,626명으로 전체 사업자의 33.5%, 2003년 114만 6,440명으로 36%, 2005년 115만 940명으로 35.9%, 119만 3,114명으로 전체 사업체의 36.6%를 보이고 있습니다. 여성사업자의 업종별 비율을 보면 숙박 및 음식업이 34.6%, 도매 및 소매업이 2.87%로 큰 비중을 차지하고 있는데 이는 소자본으로 창업이 가능하고 업종 특성상 여성 창업자들에게 적합하기 때문으로 분석됩니다.

그림 1-4 여성 (예비)창업자를 위한 제도

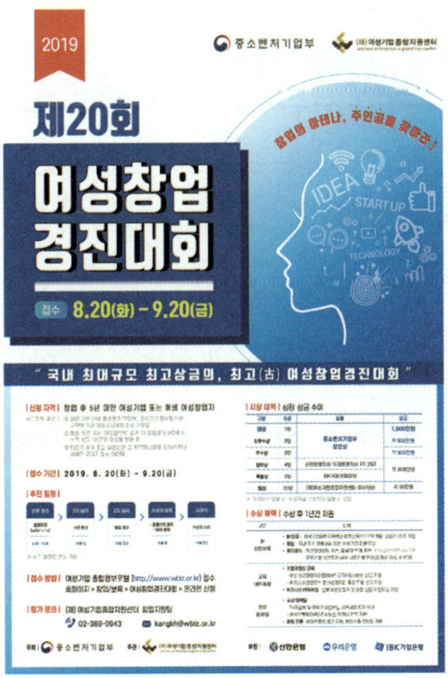

하지만 아직도 여성 사업가들은 여성이라는 선입견 속에서 비즈니스를 해야 하는 것이 현실입니다. 또한 정부가 강력한 의지를 갖추고 여성 기업에 대한 지원을 더 늘려야 한다는 지적도 계속되고 있습니다.

정부의 창업지원 정책

지난 20여 년간 창업생태계의 성장에 있어서 정부의 역할도 적지 않았습니다. 그러나 정부의 직접적 지원에 대한 의존도를 높인 데 반하여, 민간의 투자 의욕을 근본적으로 높이는 데 실패했다는 의견이 지배적입니다.

국내 창업자금 조달환경은 여전히 투자보다 융자중심에 머물러 있고, 중소기업 자금조달 역시 총액의 99%를 융자에 의존하고 있습니다. 창업 초기 민간 부문의 엔젤 투자도 비교적 저조한 상황입니다. 창업 정책의 또 다른 문제점으로 회수전략의 부족을 들 수 있습니다. 회수전략은 크게 상장 및 인수합병(M&A)으로 설명됩니다. 그러나 국내에서는 코스닥 상장 이외에 인수합병을 통한 회수 기회가 서구 유럽국가에 비해 매우 낮습니다.

국내에 인수합병이 활성화되지 못한 이유는 R&D를 직접 수행하는 것을 선호하고, 기업규모의 확장을 저해하는 제도와 관행이 있기 때문입니다. 그뿐만 아니라 국내 대기업이 스타트업을 인수하면 '문어발 확장'이라는 비난도 우려해야 하는 문제가 있습니다. 다음의 발표문은 대기업이 스타트업을 M&A하는데서 발생하는 고민을 잘 설명하고 있습니다.

표 1-2 주요국 벤처 캐피탈 투자금 회수 방법 비중 (단위 : %)

방법	유럽	미국	이스라엘	중국
인수합병	91.3	85.5	83.3	57.1
상장	8.7	14.5	16.7	42.9
계	100	100	100	100

Global venture insights and trends 2014 ('14 EY)

"대기업에 들어와서 보니 M&A가 쉽지 않더군요. 인수에 대한 이야기가 나오면 '지분을 얼마나 사야 하지?'라는 고민이 먼저 나옵니다. 우리나라 법상 지분이 30%가 넘는 회사는 대기업에 편입시켜야 합니다. 그 과정에서 인수에 걸리는 법적인 문제들이 걸림돌이 됩니다.

대기업이 스타트업에 편입되면 그 스타트업도 대기업이 되는 셈입니다. 대기업이 하면 안 되는 사업은 인수된 스타트업도 못 하게 됩니다. 스타트업이기 때문에 할 수 있던 사업들, 그리고 스타트업이기 때문에 신속하게 움직이던 일들에 적잖은 제약이 생깁니다. 이 때문에 30% 이하의 지분을 갖게 되는데 그것만으로는 인수라고 이야기하기 어렵습니다. 늘 우리가 지적하는 대기업의 골목상권 진입에 대한 이슈가 스타트업 업계에는 또 다른 의미로 작용하는 셈입니다."

(출처 : 김영덕 롯데엑셀러레이터 상무 2016 스타트업 생태계 콘퍼런스 발표)

이와 같은 창업 정책상의 이슈들을 해결하기 위해 정부에서는 먼저 자금상에서는 자금구조를 융자에서 투자 중심으로 변경하기 위해서 크라우드 펀딩(Crowd Funding) 제도, 엔젤투자 활성화, 5천억 원의 규모의 미래창조펀드조성 등을 제안하였고, 대형자본의 인수합병 시장 진입 촉진을 위한 제도적 장치 마련, 중소기업 기술보호지원을 확대, 회수전략 개선 계획, 아이디어의 사업화를 지원할 창업플랫폼 구축 등을 진행하고 있습니다.

그뿐만 아니라, 정부는 초기 창업자들의 생존을 지원하기 위해 교육, 컨설팅, 세무 지원에서 사업화 자금지원까지 넓은 영역에서의 지원 사업을 도입하고 있습니다. 정부 지원에 대해서는 9장에서 좀 더 상세히 다룹니다.

4. 사례로 살펴보는 창업_대학생 창업, 성공할 수 있습니다!

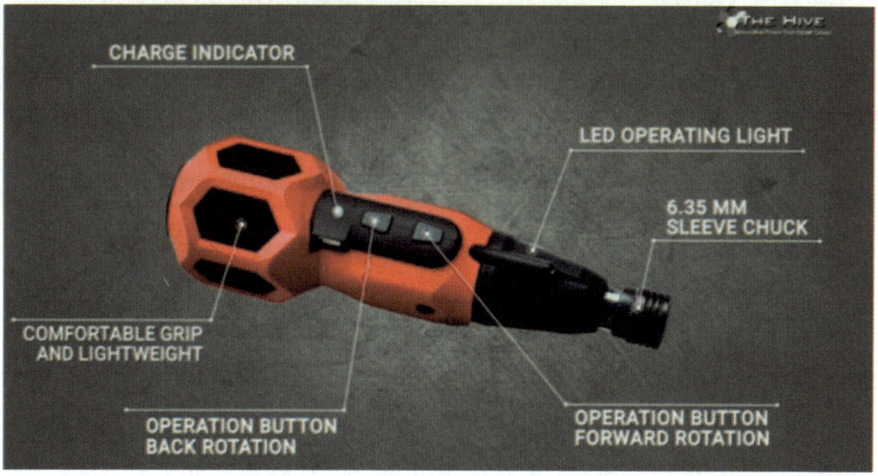

회사명	㈜더하이브
창업일	2012년 1월
대표자	이상민 (서울시립대학교 건축학과)
사업아이템	USB 충전식 전동 드라이버
실적	– '17 17억 2,661만 원 매출 – '19 산업통상자원부 장관 표창
주요사항	• 건축학과 재학생 시절 IT 업종에 종사하는 A/S 기사들이 주먹 드라이버를 사용하는 것을 보고 'USB 충전식' 드라이버 아이디어를 도출 • 정부 지원사업을 활용하여 '어린 나이', '대학생 창업'이라는 약점을 보완 • BOSCH 기술 협력 협정 ('12.6)을 시작으로 글로벌 진출 시작

약 10cm의 초소형 크기에 세계가 반한 초대형 아이디어를 담은 한국 기업이 있습니다. '더하이브'가 바로 그 주인공. 이 제품의 가장 큰 강점은 편리함과 휴대성입니다. 노트북, 자동차, 휴대폰 충전기 등 USB 포트가 있는 곳이라면 어디서든 쉽게 충전해서 무선으로 쓸 수 있습니다. USB로 충전하니까 힘이 약할 거라고 생각한다면 오해! 여성의 손안에 쏙 들어올 정도로 작지만, 프라이팬 바닥에 구멍을 뚫을 정도로 강력합니다. 90분이면 충전되고, 400여 개의 나사를 조이고 풀 수 있습니다.

전동 공구에 USB 충전 방식을 적용한 것은 더하이브가 세계 최초입니다. 국내는 물론 미국 · 독일 · 일본에서도 특허를 출원했습니다. 2012년 미국 피츠버그 발명전시회 금상, 서울 국제발명전시회 준 대상까지 수상했습니다. 게다가, 2013년 유럽 수출에 꼭 필요한 CE, RoHS, KC, FCC 등의 인증을 획득하고, 2014년에는 ISO 9001과 ETL 인증을 거침없이 획득했습니다. 세계적인 품질을 객관적으로 공인받은 셈이지요. 더하이브의 우수성을 알아본 글로벌 기업들의 반응은 폭발적입니다. 세계 1위 공구업체인 BOSCH도 더하이브와 기술 제휴를 체결했습니다. 2014년 한 해에만 미국 Sears, 이탈리아 D'Media Group, 프랑스 Bricorama, 일본 Aucsale 등 대형 유통 체인들과 수십억 원어치 공급 계약을 맺고 1차 납품까지 진행했습니다.

학생도 창업할 수 있나요?

이 기발한 제품은 당시 서울시립대학교 건축학과 재학생이던 이상민 대표의 아이디어였습니다. 군 제대 후 어느 IT기업에서 잠시 일하던 그는 A/S 기사들이 굉장히 불편하게 주먹 드라이버를 사용하는 것을 보며 'USB 충전식' 제품을 떠올리게 됐다고 해요. 그는 3개월 만에 회사를 그만두고 창업 전선에 뛰어들었습니다. 먼저 사업계획서를 만들어 여러 창업경진대회에 참가해, 참신한 아이디어에 사업 가능성도 컸던 전동드라이버는 많은 대회에서 입상했고 이 대표는 금세 청년 창업의 '샛별'로 떠올랐습니다.

하지만 그는 건축을 전공한 학생이었을 뿐 전동공구에 대한 전문 지식이 부족했고, 주변에서 전동공구 전문가를 찾는 데 어려움을 겪었습니다. 그렇지만 여기에 실망하지 않고 청계천과 인터넷쇼핑몰에서 구매한 부품들을 직접 글루건으로 붙여 만든 조잡한 시제품을 들고 중소벤처기업진흥공단의 북미 무역사절단에 동행했습니다. 미국 바이어들이 놀랍다는 반응에 자신감을 얻어 본격적으로 사업화에 나섰습니다.

사업화 과정에서 과부하로 배터리가 터지는 문제, 안정적인 생산에 대한 여러 어려움에 봉착했지만, 전국을 발로 뛰며 수많은 전문가와 관련학과 교수들을 찾아다닌 끝에, 2012년 초 어느 설계회사의 도움으로 제대로 된 시제품을 내놓을 수 있었습니다. 레드오션인 전동공구 분야에서 'USB 충전식'이라는 블루오션을 창조해낸 셈이지요.

정부 지원을 통해 '어린 나이'라는 최대 약점 보완

청년 창업가의 가장 큰 장점은 젊음이지만, 가장 큰 단점은 어리다는 것. 달리 말하자면, 바이어에게 신뢰를 주기가 매우 어렵습니다. "정부의 지원을 받는다면 그런 단점을 어느 정도는 커버할 수 있어요. 금액보다 중요한 것은 '정부의 지원을 받는다'는 사실 자체입니다." 이 대표의 설명대로 더하이브의 2012년 매출은 6억 원이었으나 정부가 운영하는 청년창업사관학교(현재는 창업성공패키지로 변경)에 입소한 이후 2013년에는 매출이 20억 원으로 급증했습니다. 마케팅, 서비스, 기술개발, 생산 시스템 구축 등 종합적인 지원을 받은 것도 큰 도움이 됐습니다. 스타트업에 상당히 부담스러운 해외 특허 출원 비용도 정부 지원으로 해결했습니다. 또 청년 창업 자금, 성장 공유형 자금, 기술신용보증기금의 창업 보증 등을 활용해 제조업으로서의 기반을 마련했습니다. 해외시장에서 인지도를 넓힐 기회도 여러 차례 받았고 그 덕분에 피츠버그 발명전시회에서 BOSCH와 동경 기프트쇼에서는 일본 DIY 홈 센터의 빅바이어들과 연결되었습니다.

(출처: 중소벤처기업부 성큼성큼)

Q 학생도 창업이 되나요?

A 네, 그럼요! 대학생을 대상으로 하는 창업경진대회, 사업화지원사업 등 창업을 장려하는 지원사업들도 증가하고 있답니다. k-startup.go.kr로 고고!

Q 중소벤처기업진흥공단이라는 곳은 처음 들어봅니다.

A 중소기업에 희망을, 벤처기업에 날개를, 청년들에게는 일자리와 꿈을 주기 위해 정책자금융자, 수출 마케팅 등 다양한 지원사업을 제공하는 기관입니다. 한 번 둘러볼까요? www.kosmes.or.kr

Q 창업성공패키지가 뭐에요?

A 중소벤처기업부에서는 역량 있는 청년창업자들을 돕기 위해 다양한 지원사업을 제공하고 있습니다. 청년기술창업자에게 창업공간, 창업 교육 및 전문가 코칭 등 사업계획 수립부터 개발 · 사업화까지 창업의 전 과정을 일괄 지원하는 기관(최대 1억 원)입니다.

☎ 문의 : 042-481-3960

생각 나누기

1. 평소에 불편함을 느끼는 문제를 그냥 지나치지는 않았나요? 나의 전공지식과 열정으로 도전해 볼 만한 문제를 찾아봅시다.

2. 대학생의 창업의 장점과 단점을 논의해 보고, 이를 해결할 수 있는 방법을 공유합시다.

CHAPTER

02

창업과 진로선택

1. 기업가정신(entrepreneurship, 起業家情神)의 정의를 이해합니다.

2. 기업의 의의와 목적, 유형을 이해 합니다.

3. 기업가와 창업가를 구분합니다.

#기업가정신

#기업의 목적

#기업의 사회적 역할

#기업의 유형

#법인

#주식회사

#협동조합

#기업가

#창업가

1. 기업가정신이란?

기업가정신을 정의하기 위해서는 기업가(entrepreneur)와 기업가정신(entrepreneurship)에 대한 정의를 먼저 이해할 필요가 있습니다. 이번 장에서는 기업가정신에 대해 간략히 언급하고, 기업가정신의 특성과 발전단계는 Chapter 3에서 다시 자세히 다룹니다.

기업가(entrepreneur)는 '착수하다(undertake)' 또는 '시작하다(commence)'라는 의미인 프랑스어 동사 'entreprendre'에서 유래하였습니다. 기업가정신의 영어표현 entrepreneurship은 '기업가'라는 뜻의 entrepreneur와 '정신'을 의미하는–ship이 결합된 단어이며, 외부환경 변화에 재빠르게 대응하면서 항상 기회를 추구하고 그 기회를 잡기 위해 취하는 혁신적인 사고 및 행동을 말한다. 창조와 혁신을 통해 시장에서 새로운 가치를 창조하는 일련의 활동 과정이라 할 수 있습니다.

기업가정신에 대한 정의 역시 수많은 학자의 다양한 관점에서 연구되어 왔습니다. 본 절에서는 기업가정신과 관련된 주요 학자인 슘페터와 드러커의 기업가정신을 다루어 보고, 기업가정신을 분석하는 2가지 관점에 대해 알아봅니다.

슘페터가 본 기업가정신

슘페터(Schumpeter)는 기업가정신을 학문적으로, 체계적으로 접근한 최초의 학자입니다. 숨어있는 이윤을 찾아내기 위해 기업가정신은 기술혁신을 통해 끊임없이 새로운 상품과 서비스를 개발합니다. 기존의 기술을 극복하는 기술혁신은 곧 창조적 파괴로 이어집니다. 무엇이 기술혁신과 창조적 파괴를 가져오는 것일까요? 바로 기업가정신입니다. 기업가의 혁신은 지식시장을 타고 빠르게 번져

숨어있는 이윤을 찾아서
도전하는 기업가정신은

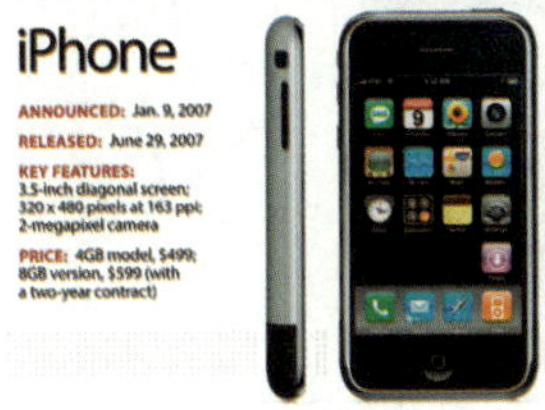

세상에 없던 제품을 내놓는
혁신을 만들고

혁신은 새로운 문화를
만들어 냅니다.

공급자와 소비자의 수준을 한 단계 올려놓고 트렌드를 창출해 냅니다. 혁신이 이뤄낸 시장은 넓어지고 시장 플레이어들도 늘어나 재화나 서비스의 가격이 낮아지게 됩니다. 즉, 상품과 서비스의 질은 향상되지만 결국 가격은 내려가는 구조이며, 창조적 파괴가 사회 전체로 번진 결과입니다.

드러커가 말하는 기업가정신

드러커는 '위험을 무릅쓰고 포착한 기회를 사업화하려는 모험과 도전의 정신'을 기업가정신이라고 하였다. 드러커 역시 슘페터처럼 기업가정신의 혁신을 하나의 몸통으로 생각했다. 다만 드러커는 현대에는 기업의 규모가 거대해져 경영관리가 중요해졌기 때문에 기업의 성장을 위한 경영관리 혁신을 강조하였습니다. 심지어 드러커는 기업가정신이 대기업 외에 중소기업, 공공기관, 비영리단체에도 필요하다고 강조하였습니다.* 이 점이 슘페터의 기업가정신과 사뭇 다른 점입니다. 더 나아가 기업가정신은 기업 단위에만 필요한 것이 아니라 사회에 사는 개인들이 가져야 할 자기혁신 도구이며, 개인이 기업가정신을 바탕으로 끊임없이 혁신을 추구할 때 한 사회가 다음 사회로 진화해나갈 수 있다고 주장하였습니다.

* 기업가정신은 단순한 경영자를 뜻하는 것이 아닌 현재 자신이 가지고 있는 자원에 구애받지 않고 새로운 가치를 만들어 내기 위해 도전하고 노력하는 삶을 의미합니다.

민간 우주개발기업 스페이스 X를 만든 일론 머스크

일본 최대 IT기업 소프트방크의 손정의

기업가정신? 창업가정신? 어떤 표현을 써야 하나요?

우리가 살펴보았듯이 Entrepreneurship은 외부환경 변화에 재빠르게 대응하면서 항상 기회를 추구하고 그 기회를 잡기 위해 취하는 혁신적인 사고 및 행동을 말합니다. 창조와 혁신을 통해 시장에서 새로운 가치를 창조하는 일련의 활동과정이라 할 수 있습니다.

오늘날 Entrepreneurship은 일반적으로 기업가정신으로 표기되지만, 학자들에 따라 창업가정신, 창업 등으로 다양하게 번역되어 사용되고 있습니다. Entrepreneurship은 창조성, 혁신성, 진취성, 위험감수성 등을 핵심 요소로 하므로 새로운 것을 시작한다는 뜻의 '창업가정신(創業家情神)' 또는 '창업'이 적합하다고 주장되기도 합니다.

이에 대해 일부 학자들은 단순히 기업에 자본을 대고 기업을 경영하는 사람으로서의 기업가(企業家)가 아닌 일으키는 기(起)를 사용한 기업가(起業家)정신으로 재해석을 제안하고 있습니다. 국문 표현으로는 다소 구별이 어려운 점입니다만 본 교재에서는 국문 표기로는 기업가정신로 통일하고 한자 표현으로는 기업가정신, 내용으로는 창업가정신으로 하기로 합니다.

국문으로는 표기가 동일하지만 기업을 운영하는 사람으로서의 기업가(企業家)와 혁신을 통해 시장에서 새로운 가치를 창조하는 활동과정을 의미하는 기업가정신(起業家) 그 의미가 다릅니다.

2. 기업이란 무엇인가?

기업(enterprise)은 자본주의 경제체제에서 존재해 온 조직체의 하나로 시장 경제사회의 대표적인 사회조직체로서 발전해 왔습니다. 기업은 인간의 필요와 욕구를 만족시키는 재화와 용역과 같은 생활자원을 생산하는 생산경제로서의 개별 경제주체에 해당합니다. 또한, 기업은 그러한 생활자원이 이용할 수 있도록 분배하고 유통시키는 활동을 합니다. 이처럼 기업의 물적 재화와 서비스의 생산 및 유통은 인간 생활에 있어서 필수 불가결한 활동에 해당합니다. 즉, 기업이란 바로 인간이 필요로 하는 재화와 서비스를 생산하고 유통하는 조직체라 할 수 있습니다.

또한, 기업은 개인과 가정에게는 소득의 원천이며 삶을 살아가는 생활의 터전을 제공하고 있습니다. 기업은 사회의 모든 부문과 깊은 관련을 맺으며 활동을 하고, 국가 경제, 사회, 문화뿐만 아니라 개인의 가치관, 사고방식 그리고 행동양식에도 영향을 미치는 조직체입니다. 이번 절에서는 기업의 개념과 목적, 유형에 대해 살펴봅니다.

기업의 개념

기업이란 이익을 추구할 목적으로 제품과 서비스의 생산 및 마케팅과 같은 비즈니스 활동을 하는 생산경제 조직체라고 정의할 수 있습니다. 이러한 기업의 정의를 통해 현대 기업이 가진 기업의 특성을 설명하면 다음과 같습니다.

첫째, 기업은 가계 및 정부와 더불어 국민경제를 구성하는 개별경제의 한 단위입니다. 가계는 소비를 목적으로 하는 소비경제 단위이며, 기업은 인간의 욕구 충족에 필요한 제품과 서비스의 생산 및 판매를 목적으로 하는 생산경제 단위에 해당합니다. 국가는 소비와 생산을 동시에 통제하고 관리하는 소비 · 생산경제 단위라고 할 수 있습니다. 기업은 생산경제의 주체로서 생산 기능을 수행합니다.

생산이란 인간의 필요와 욕구를 충족시킬 수 있는 가치를 창출하는 활동을 의미하며, 여기서 가치(value)는 사용가치(value in use)와 효용가치(value in utilities)를 포함하는 개념입니다. 결국 기업은 우리에게 의식주에 필요한 생활자원인 제품과 서비스를 제공함으로써 필요와 욕구를 충족시켜 줍니다.

효용에는 제품과 서비스를 소비자에게 매력 있게 보이기 위하여 그 형태 및 모양을 변경시키는 형태효용(form utilities), 소비자가 원하는 시기에 제품과 서비스를 구매할 수 있는 편의를 제공하는 시간효용(time utilities), 소비자가 원하는 장소에서 제품 및 서비스를 구매할 수 있도록 하는 장소효용(place utilities), 소비자가 제품과 서비스를 소유할 수 있도록 도와주는 소유효용(possession utilities)이 있다. 예를 들어 제조업은 형태효용, 금융업은 시간효용, 유통업은 장소효용과 소유효용을 창출하는 기업입니다.

그림 2-1 사회적조직체로서의 기업

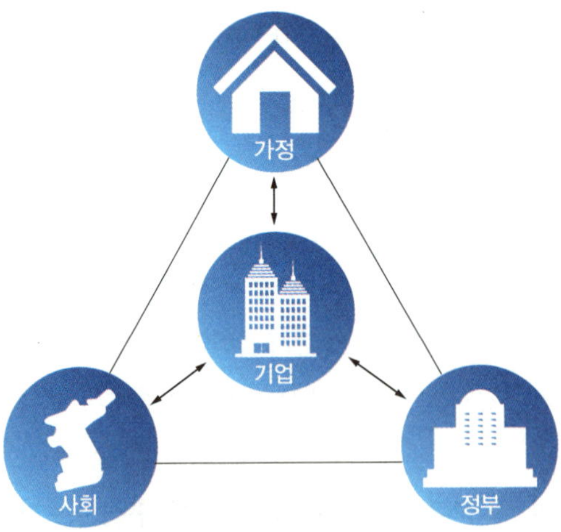

기업은 가정(개인), 사회, 정부와 유기적인 관계를 맺고 있습니다.

둘째, 기업은 비즈니스 활동을 통해 자체의 경제활동을 수행하는 과정에서 이익을 추구하는 데 목적을 두고 설계된 조직입니다. 비즈니스(business) 활동이란 어떤 일을 일정한 목적과 계획을 세우고 짜임새 있게 지속적으로 경영하는 활동을 말합니다. 즉 소비자들의 필요와 욕구를 충족시키기 위한 제품 및 서비스를 제공하고 그 대가를 받음으로써 이익을 추구하는 활동입니다. 개별 기업의 본질적인 존재 의의는 바로 이익 추구의 동기에 있습니다.

셋째, 기업은 사회 속에서 존속하고 성장해야 하는 사회적 조직체입니다. 기업은 법률에 근거하여 설립될 수 있기 때문에 사회 내에서 법률적인 인격체(법인격)를 갖고 독자적으로 존재하는 실체성(identity)을 갖습니다. 기업 존재에 대한 사회적 요구와 정당성이 있는 한 영속적으로 계속해서 존속하고 성장해야 하는 계속기업(going concern)의 성격이 있습니다. 이러한 특성은 기업과 이해관계자들과의 상호작용을 통해 그 목적이 달성됩니다.

기업을 바라보는 세가지 관점

기업은 생산 및 마케팅 활동을 통해 가치를 부가하고 증식함으로써 사회의 일반 소비대중이 필요로 하는 제품 및 서비스를 더욱더 효율적 · 효과적으로 제공하며 그들의 생활수준의 향상에 기여하는 중요한 사회적 역할을 합니다. 여기서 생활 수준이란 소비 대중의 단순한 양적 생활 수준만이 아닌 생활의 질을 반영한 질적 생활 수준을 포함하는 것입니다.

사회 구성원들이 중요시하는 가치에 따라 기업에 대해 갖는 기업관이 다양합니다. 기업을 바라보는 기업관은 부가가치를 누가 주체적으로 창출하고 보상받느냐에 따라 자본조직체관, 노동조직체관, 기업공도체관, 그리고 협동적 생산실체관의 네 가지로 분류할 수 있습니다.

자본조직체관은 기업이란 자본가나 투자자가 투자한 자본에 의해 구성되므로 창출된 부가가치는 자본가나 투자자에게 귀속되어야 한다고 보는 견해이고, 노동조직체관은 기업이란 노동자의 노동에 의하여 부가가치를 창출하므로 창출된 부가가치는 노동자에게 배분되어야 한다고 보는 견해입니다. 이 두 견해는 노사대립관에 바탕을 둔 기업관으로 기업주와 노동자 간에 갈등을 초래하는 시각입니다.

기업공동체관은 기업이란 자본과 노동으로 구성되어 있으므로 창출된 부가가치는 자본가나 투자자와 노동자에게 배분되어야 한다는 관점입니다. 이 기업공동체관은 사회 안정을 위해 노사대립을 지양하는 바람직한 시각으로 비이기는 하나 자칫하면 노사유착적 기업 이기주의를 유발하여 소비자의 이익이나 사회적 이익을 저해할 가능성이 있습니다.

협동적 생산실체관은 기업이란 소비자, 투자자, 종업원, 원재료 공급업자 등 기업활동에 참가하는 모든 이해관계자와의 협동에 의해 부가가치를 창출하기 때문에 창출된 부가가치는 이들 모두에게 배분되어야 한다고 보는 관점입니다. 현대사회에 있어서 선진국을 비롯한 많은 국가에서는 협동적 생산실체관을 가장 합리적인 기업관으로 받아들이고 있습니다. 기업은 특정 집단을 위해서만 존속하는 것이 아니고 기업활동에 참여하는 여러 이해관계자와의 협동을 바탕으로 존속하며, 이들 모두의 노력에 의해서만 사회와 인간 생활에 유용한 가치를 창출할 수 있습니다. 따라서 현대사회에 있어서 기업은 특정 집단이나 계층의 이익만을 위해 소유되고 지배되는 것이 아니라 사회구성원 모두의 이익을 위해 존재하는 공익성, 기업활동 자체가 사회 전반에 영향을 미치는 공공성, 기업은 사회 조직의 하나라는 사회성을 갖습니다.

한라그룹 자회사 한라스택폴의 상생협력 협약 사례

최근(Robins & Coutler의 원론)에는 기업의 사회적 책임으로 거론되는 영역이 주주, 종업원, 협력업체, 소비자, 지역사회 등의 이해관계자집단을 넘어서 자발적으로 지구와 자연환경을 보존하고 보호해야 한다는 환경적 부분까지 확대되고 있습니다.

기업의 목적

기업의 목적(purpose of enterprise)이란 기업이 기업 활동을 통해서 달성하고자 하는 성과나 결과를 의미합니다. 기업이 계속기업으로서 사회적 역할과 기능을 다 하기 위해서는 일차적으로 기업 목적을 기업 자체의 생존, 성장, 발전에 두어야 합니다. 기업이 생존하기 위해서는 먼저 사회구성원(고객)이 필요로 하는 제품과 서비스를 효율적으로 생산 · 공급하여 이익을 추구하는 경제적 목적을 달성해야 합니다. 경제적 목적을 달성하기 위해서는 사회의 다양한 이해관계자와의 협력관계가 필요하며, 이들 모두에게도 이익이 분배될 수 있어야 지속적인 협력관계를 유지할 수 있습니다.

따라서 오늘날 기업들이 추구해야 하는 궁극적인 기업 목적은 사회적 부가가치 창출을 통한 이익을 추구하는 데 두어야 합니다. 이러한 부가가치로서의 이익은 투자자, 종업원, 소비자 및 사회에 대한 분배 비용의 원천이 되는 것이다. 현대 기업이 추구해야 하는 부가가치로서의 이익은 다음과 같이 구성됩니다.

부가가치 = 협의의 분배 cost + 현재 사업 cost + 미래 사업 cost
협의의 분배 cost = 인건비 + 이자 + 배당금
현재 사업 cost = 경비 + 감가상각비
미래 사업 cost = 연구개발비 + 기획 · 조사 · 교육비 + 유보이익

기업 활동을 통해 창출된 부가가치의 분배 방법은 기업을 인식하는 방법에 따라 다를 수 있습니다. 예를 들어서 투자자 우선주의를 취하는 입장에서는 이들에게

분배되는 배당금 이외의 코스트(cost)는 모두 비용으로 간주되며, 종업원 우선주의는 인건비에 대한 분배 비율을 중요하게 생각합니다. 계속기업으로서 생존 · 성장 · 발전하기 위해서는 현재 사업 코스트, 미래 사업 코스트, 협의의 분배 코스트를 동시에 고려하면서 부가가치를 분배해야 합니다. 그러나 어느 경우든지 기업 목적의 본질은 전체 부가가치를 증대하는 것이 전제되어야 하며, 여기에 기업이 존재하는 의의가 있다고 할 수 있습니다.

기업의 목표는 고객가치 창출

아래는 2020년을 시작하면서 각 기업의 CEO들이 발표한 신년사의 일부입니다.

"고객보다 우선하는 가치는 없으며 앞으로도 고객의 행복과 미래를 위해 최선을 다할 것"

국민은행장 허인

"LG는 '고객가치'를 창출하는 핵심 수단으로 Digital Transformation 실행에 박차를 가하기로"

LG 대표 구광모

"변화하는 고객 가치에 맞게 기존의 사업방식을 재설계하고, '더 잘하는 것'에 머물지 말고 '다르게 행동'해 고객에게 새로운 가치를 제공할 수 있는 방법을 찾아나가야한다"

현대백화점 그룹 회장 정지선

"변화하는 환경 속에서도 절대로 변하지 않은 최우선의 가치로 '고객 중심'을 다시 새길 것"

아모레퍼시픽 회장 서경배

(출처: 2020. 각 기업별 신년사)

CEO들이 공통적으로 강조하고 있는 것은 고객 가치 창출입니다. 왜 그럴까요? 기업이 돈만 잘 벌면 될 텐데, 왜 굳이 고객의 행복까지 고민해야 할까요?

고객 가치는 곧 고객의 생존을 결정하기 때문입니다. 이것을 기업의 생존부등식이라 말하고 자세히 알아봅시다.

LET'S DO IT! 다음의 기사를 읽고 기업의 사회적역할에 대해 의견을 나누어 봅시다.

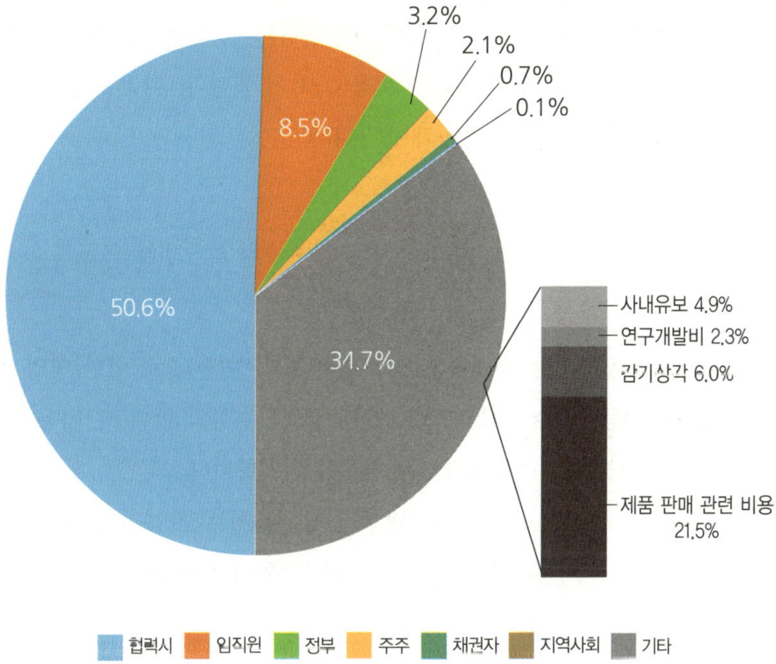

2019년 6월12일 한국경제연구원(이하 한경연)이 매출액 30대 기업의 2018년 사업보고서를 분석한 결과, 1205조 3000억 원의 경제적 가치 창출 중 65.3%인 786조 9000억 원을 이해관계자와 나눴다. 2017년 매출 1148조 8000억 원 중 733억 5000억 원을 나눈 것 보다 비중과 금액 모두 늘어났다. 이는 협력사 지급액과 정부 납부 금액, 채권자에 지급된 금액 증가율이 각각 7.6%, 18.6%, 8.9%로, 매출액 증가율(4.9%)보다 높기 때문.

30대 기업은 법인세 36조 5000억 원, 세금과 공과로 1조 8000억 원 등 정부에 38조 3000억 원을 납부했다. 이는 정부에서 직접 일자리를 창출하고 직업훈련과 고용알선과 상담, 실업 소득 유지 등에 쓰이는 2017년과 2018년 2년치 '재정지원 일자리 사업 예산' 38조 원과 비슷한 수준이다

법인세만 놓고 보면 30대 기업이 전체 법인세수(2018년 세입실적 기준 70조9000억 원)의 51.5%를 부담하는 셈이며, 특히 2017년 법인세 증가율 56.4%에 이어 2018년 19.2% 증가해 두 자리 수 증가율을 이어갔다.

(출처: 한국경제연구원 2018년 사업보고서 2019. 6.12)

경영활동의 결과 얻고자 하는 기업 목표, 즉 부가가치로서의 이익을 계량적인 방법으로 표현한 것을 기업경영의 성과라고 하며, 일정 기간 경영활동을 위해 소요된 투입과 얻어진 산출 간의 차액으로 계산됩니다. 구체적으로 화폐단위로 표시하면 산출은 수익(revenue), 투입은 비용(cost)이 됩니다. 따라서 현대 기업의 부가가치로서의 이익(profit)은 다음과 같습니다.

부가가치 (value added) 또는 이익 (P) = 수익 (R) − 비용 (C)

여기서 수익은 영업활동(구매활동, 생산활동, 마케팅활동)으로 인한 영업수익과 비영업활동(재무활동이나 투자활동)으로 인한 영업외수익의 합이고, 비용은 기업활동(영업활동과 비영업활동)에 소요되는 비용을 의미합니다.

기업이 계속기업으로서 생존하고 발전하기 위해서는 기업의 일차적 목표인 이익(P) = 수익(R) − 비용(C)이라는 이익 달성의 원리를 이해해야 합니다. 이익을 증대하기 위해서는 2가지 방법이 있습니다.

수익증대 R↑	수익은 영업수익과 영업외수익으로 이루어지나 영업수익의 비중이 높으므로 판매 수량을 증가시키거나 판매가격을 높이는 전략이 필요
비용감소 C↓	구매활동, 생산활동, 마케팅활동, 재무활동, 투자활동 등에 드는 비용을 절감

즉 수익을 증대하기 위해서는 고객이 기업이 생산하는 제품이나 서비스를 많이 구매해 주어야 합니다. 그러나 소비자는 무조건 제품이나 서비스를 구매하는 것이 아니고 자신이 지불하는 가격(P; price)보다 제품이나 서비스가 제공하는 가치(V; value)가 클 경우에만 구매합니다. 즉 소비자의 입장에서는 V−P>0일 때만 제품이나 서비스를 구매할 것입니다. 여기서 제품이나 서비스의 가치는 소비자가 이성적으로 계산하는 지각가치(perceived value)또는 효용(utility)을 의미합니다.

한편 기업의 입장에서는 수익이 비용을 초과해야 이익을 창출할 수 있습니다. 즉 제품이나 서비스의 단위당 판매 가격(P)이 단위당 원가(C)보다 커야 하고 이것은 **P−C>0**으로 표현될 수 있습니다. 결론적으로 기업이 이익을 창출하고 생존하기 위해서는 아래의 공식이 성립되어야 합니다.

고객이 느끼는 가치>단위당 가격>단위당 비용 (**V>P>C**)

다시말해 소비자가 지각하는 제품 및 서비스의 가치는 제품의 가격보다 커야 하며, 제품이나 서비스의 가격은 비용보다 커야 합니다. 따라서 기업의 목표는

(1) V−P>0를 달성하기 위하여 부가가치를 높이고 판매가격을 낮추며,

(2) P−C>0을 달성하기 위하여 P를 높이고 C를 낮추어야 합니다.

식(1)에서 P를 낮추고 식(2)에 P를 높여야 하는 선택이 남아 있으나 장기적으로는 V를 높이고 C를 낮추는 것이 바람직합니다.

V를 높이기 위해서는 경쟁기업에 비해 많은 가치를 제공해 주는 제품을 생산해야 하며, 이를 위해서는 혁신적인 창조성으로 끊임없이 신기술 및 신제품 개발에 노력을 기울여야 합니다.

이것이 많은 기업이 고객가치를 기업 운영의 최우선에 두는 이유입니다.

3. 기업유형의 분류

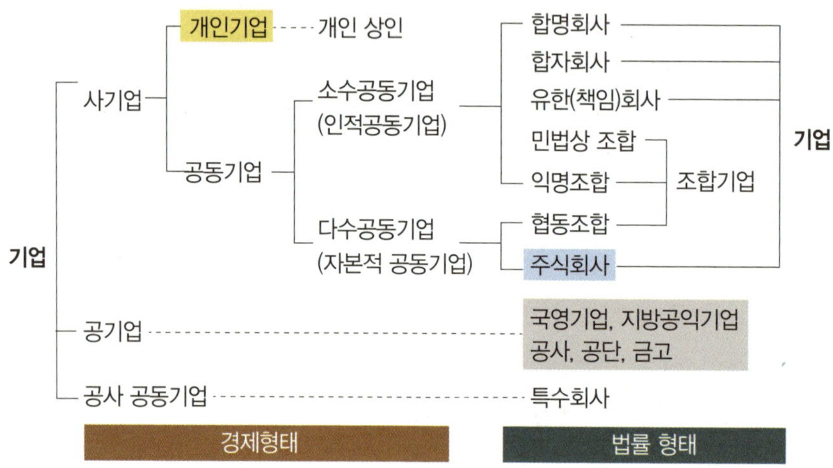

규모에 의한 분류

기업은 규모를 결정하는 매출액, 종업원 수, 자본금에 따라 대기업, 중기업 및 소기업으로 분류할 수 있습니다. 우리나라에서는 중소기업기본법 시행령에서 중소기업의 범위를 정하면서 대기업의 기준에 관해서도 규정하고 있습니다. 이 법에 따르면 다음의 하나에 해당하면 대기업이라 할 수 있습니다.

가. 상시 근로자 수가 1천 명 이상인 기업

나. 자산총액이 5천억 원 이상인 기업

다. 자기자본이 1천억 원 이상인 기업

라. 직전 3개 사업연도의 평균 매출액이 1천 5백억 원 이상인 기업

마. 「독점규제 및 공정거래에 관한 법률」 제14조 제1항에 따른 상호 출자 제한 기업 집단에 속하는 회사

중소기업은 위의 대기업 조건에 해당하지 않는 기업을 말하는데, 매출액은 업종별로 400억~1,500억 이하인 경우 규모기준을 충족합니다. 자산총액 5천억 원 이하이고 소유와 경영의 독립성이 충족되는 경우 중소기업으로 분류합니다.

업종에 의한 분류

기업이 활동하고 있는 업종에 따라서 농업, 광업, 제조업, 건설업, 운수업, 도매 및 소매업 등으로 분류할 수 있습니다. 산업분류는 흔히 콜린 클라크의 분류에 따라 다음과 같이 1차 산업, 2차 산업, 3차 산업으로 나누지만 광업, 건설업 등에 대해서는 논란의 여지가 있어서 우리나라 통계청에서는 콜린 클라크의 분류를 따르지 않고 한국산업표준분류를 따르고 있습니다.

1차산업 – 농업, 임업, 어업, 축산업
2차산업 – 광업, 제조업, 건설업, 전기 · 가스 · 수도업
3차산업 – 도소매업, 운수업, 숙박 및 음식점업, 기타 서비스업 등

출자 방식에 의한 분류

기업의 출자자가 누구인가에 따라 사기업, 공기업, 공사공동기업으로 분류할 수 있습니다. 사기업은 출자자가 개인이며, 공기업은 정부나 공공단체, 그리고 공사공동기업은 개인과 정부 또는 공공단체가 공동으로 출자한 기업을 말합니다.

소유 방식에 의한 분류

기업은 소유와 지배구조를 중심으로 개인기업과 공동기업으로 나눌 수 있으며, 공동기업은 소수가 공동으로 수유하는 인적 공동기업과 다수 공동기업인 자본적 공동기업으로 나눕니다.

법제도에 의한 분류

우리나라 기업의 형태는 상법상에 합명회사, 합자회사, 유한회사 및 주식회사

로 분류하고, 조합의 형태는 상법상의 익명조합, 민법상의 조합, 협동조합법에 의한 협동조합이 있으며, 특별법에 의한 공기업의 형태로는 국가 또는 지방공공단체가 50% 이상의 지분을 가진 정부 투자기관으로서 공사, 공단, 금고, 사업단 등 특수한 형태를 갖추고 있습니다. 물론 주식회사의 형태를 취하기도 합니다.

표 2-1 법제도에 의한 분류

합명(合名)회사	• (인적회사의 대표적 기업): **2인 이상의 무한책임사원들로만 구성** • '합명(合名)'이라는 말에서 알 수 있듯 **각자의 이름을 합쳐서 만든 회사** • 폐쇄적인 기업경영 방식으로, 주로 **가족경영 기업이 이러한 형태를 띔**
합자(合資)회사	• **1인의 무한책임사원과 최소 1인의 유한책임사원이 공동으로 존재**하는 기업 • 주로 경영을 책임지는 무한책임사원과 출자에 지분만 가지고 있어 배당을 받는 유한책임사원이 함께 존재(자신이 **출자한 한도 내에서만 책임**을 지기 때문에 유한책임사원이라 불림) • 합명회사의 **자본조달의 한계를 극복**하여 **기업의 성장을 증대**시키고자 만들어진 형태
유한(有限)회사	• 50인 이내의 유한책임사원만으로 구성되는 소규모회사 • **합명회사와 주식회사의 장점**을 합한 형태 • **경영에 직접 참여**하면서도 책임의 유한성이라는 이점을 가질 수 있음
유한책임회사	• 2012년에 새로 개설 • 유한회사와 유사하나, 임원이 불필요하며 **주식이 존재하지 않**음 • 두 기업 모두 자신의 출자 한도 내에서만 책임을 가지는 공통점이 있음 • 유한회사는 유한책임사원들로만 구성되며 주식이 존재한다는 점은 주식회사와 같으나 주식회사와 달리 **주식 거래가 어렵고 폐쇄적 경영이 가능**하므로 사실상 유한책임사원들로 구성된 합명회사에 가까움
주식(株式)회사	• 가장 잘 알려진 형태로, **출자 규모의 증대와 주식 거래의 편의성이 보장됨** • 기업 **설립 조건이 간단**하며(상장과는 다른 개념) 투자자들도 별도의 절차 없이 **주식 거래를 통해 투자 가능**함 • 현재 **대부분의 기업이 주식회사의 형태**로 설립

출자방식과 소유방식 그리고 법제도에 의한 분류를 연결하면 주식회사를 제외한 상법상의 회사와 익명조합, 민법상의 조합은 인적 공동기업에 속하고, 주식회사와 협동조합은 자본적 공동기업에 속한다고 할 수 있습니다.

마지막으로 우리가 일상에서 자주 접하는 개인기업과 자본적 공동기업에 대해 좀더 자세히 알아봅시다.

① 개인기업

개인기업(sole proprietorship)이란 개인 한 사람이 출자, 경영, 소유 및 지배하는 기업을 말한다. 따라서 경영상의 모든 위험과 손실을 출자자인 개인 한 사람이 지게 되며, 이윤이 발생하면 혼자서 누릴 수 있어 단독기업(single enterprise)이라고도 합니다.

특징	• 소규모 기업경영에 적당한 형태이며, 최근에는 대기업이 많이 생성되고 거대자본과 특수한 관리능력이 요구되면서 개인기업의 중요성이 상대적으로 감소하고 있다. 원칙적으로 개인기업의 경우 출자와 경영 및 지배가 일치한다.
장점	• 창업이 간단하고 비용도 저렴하다. • 전 이윤을 독점할 수 있다. • 의사결정과 지휘통제가 한사람에게 집중되어 신속한 의사결정과 환경의 변화에 신속한 적응이 가능하다.
단점	• 개인의 출자능력과 관리능력에 한계가 있기 때문에 기업경영에 한계가 있다. • 위험을 분산할 수 없으므로 무한책임을 져야만 한다. 도산 시에는 개인의 재산까지도 채무를 갚기 위해 충당해야만 하므로 위험부담이 매우 크다. • 기업가의 개인적 사정에 따라서 기업활동이 제약되므로 안정성이 적다. • 한국의 경우 법인을 우대하므로 상대적으로 개인기업에 대한 세율이 높아 불리하다. • 불안정성과 한계성은 유능한 인재의 확보를 어렵게 한다.

② 주식회사

주식회사(joint stock corporation 또는 stock company)는 자본적 공동기업의 대표적 형태로 다수의 출자에 의해서 성립되는 자본단체입니다. 자본의 결합이 중요한 반면에 인적 결합은 그다지 중요하지 않습니다. 주식회사가 자본주의 경제체제의 대표적 기업 형태로 각광을 받은 이유는 다수인의 자본참가가 쉬워 대규모의 자본을 조달할 수 있다는 이점 때문입니다. 이 때문에 주식회사는 기업 규모의 대형화와 규모의 경제를 누릴 수 있는 기업형태이기도 합니다. 또한, 다수로부터 대규모의 자본을 조달함과 동시에 위험을 분산시키고 전문경영자에 의한 경영관리가 가능한 기업 형태입니다.

주식회사의 특징으로는 주주가 출자액 한도 내에서만 채무에 대한 책임을 지는 유한책임제도, 자본금은 주식이라는 유가증권으로 분할 발행하여 조달되는 자본의 증권화, 다수의 주주에 의해 소유가 이루어지나 경영은 전문경영자에 의해 대리되는 소유와 경영의 분리를 들 수 있습니다. 주식회사의 기관은 최고 의사결정기관인 주주총회, 경영 담당 기관인 이사회, 주주의 권익을 보호하는 감사로 구성됩니다.

③ 협동조합

협동조합(cooperatives)은 자본주의 경제의 발달과 대기업의 등장으로 경제적 약자인 중소기업인, 소비자, 소규모 생산자 또는 민간인들이 경제적 약점을 보완하기 위하여 상호협조와 협동정신을 바탕으로 공동출자하여 조직하는 공동기업입니다. 협동조합은 주체가 누구인가에 따라 소비자협동조합, 생산자협동조합, 신용협동조합으로 나눌 수 있습니다. 우리나라에서는 개별 협동조합법에 의한 농업협동조합, 수산업협동조합, 중소기업협동조합, 신용협동조합 등이 있습니다. 협동조합의 특징으로는 협동을 통한 상호이익을 추구하는 상호부조주의, 출자액에 관계없이 1인 1표의 민주적 관리방식, 영리주의가 아닌 이용주의 원칙을 들 수 있습니다.

News Briefing

협동조합의 도시, 원주

무위당 장일순 생전모습

65만 명의 조합원이 활동 중인 '한살림소비자생활협동조합연합회(한살림).' 한살림의 전신인 '원주소비자협동조합'을 창립한 사람이 원주 출신 교육자, 무위당 장일순 선생입니다. 그는 1960~1970년대에 지학순 주교와 함께 원주에서 협동운동을 주도했습니다. 협동조합이 일제 강점기에 들어왔지만 탄압에 의해 사라졌는데, 1965년 이 두 분에 의해 다시 시작되었습니다. 1966년 당시 은행 대출이 서민들에게 문턱이 너무 높아 고리사채가 성행했는데, 무위당 장일순 선생과 지학순 주교는 "소상공인을 보호하기 위해" 신용협동조합을 시작했습니다. 1985년에 장일순 선생은 도농직거래 조직 원주 소비자 협동조합을 창립했습니다.

(출처: 이로운넷 2019.10.07. 사진출처: 무위당 사람들)

4. 기업가와 창업가

기업가정신의 사전적 의미를 찾아보면 통상적으로 '기업가의' 혹은 '기업가적인' 정신을 나타내고 있습니다. 영어로 기업가 'entrepreneur'는 1437년 처음으로 사전에 수록되었으며, "적극적이고 무엇인가를 성취하는 사람(a person who is active and achieves something)"의 의미가 있습니다. 유래가 된 프랑스어는 동사 entreprendre로서, 그 뜻은 "무엇인가를 수행하다(to undertake something)'의 의미를 가집니다(오해섭, 2014).

일반적으로 기업가(企業家)란 기업에 자본을 대고 경영을 담당하는 자를 의미합니다. 즉, 출자자인 동시에 경영인입니다. 경영학적 의미로 소유와 경영이 일치하는 소유경영자 또는 경영자형 기업가인 것입니다.

기업은 영리를 추구하는 경제 단위이므로 기업가는 기업의 영리활동을 주도적으로 이끌어가는 리더입니다. 따라서 기업가의 본래 의미는 단순히 기업체를 설립하고 조직하며 운영하는 관리자(Manager, Business man)의 개념을 넘어 변화하는 환경 속에서 기업의 이익 창출을 위하여 기업의 인적 · 물적 자원을 혁신적인 방법으로 활용하여 새로운 가치를 창출하는 사람(Value Creator)의 의미임을 기억해야 합니다.

기업가의 의미는 여러 시대를 거치면서 다양하게 변화해 왔습니다. 최근까지도 여러 학자가 기업가의 개념을 규정하고 있지만, 공통적이고 핵심적인 의미는 '불확실한 상황과 제한된 자원을 극복하여 변화와 혁신적인 활동으로 새로운 가치를 창출해내는 사람'으로 정리할 수 있습니다.

18세기 이전	• '상인'이라는 의미의 실업가, 고용주, 소유주의 의미 • 대규모 생산 프로젝트를 관리하던 사람(16세기) 예 공공건물 및 성당과 같은 건설작업을 지휘하는 사람, 군대 원정을 이끄는 책임을 맡은 사람 • 수익이나 손실의 위험을 감수하고 정부와 계약을 통해 특정 용역이나, 제품을 제공하는 사람(17세기)
18~19 세기	• 프랑스 경제학자 칸티용(Richard Cantillon): 생산비용을 지급하면서 자기 자본을 투자하여 위험을 감수하는 사람 • 세이(Jean-Baptiste Say): 기존 개념에 더하여 우수한 판단력, 불굴의 정신, 탁월한 계산력 등 특별한 성격과 능력을 보유한 계획수립자(planner)
20세기 이후	• J.A. Schumpeter: 혁신적인 기능을 통해 이윤을 추구하는 직무를 수행하는 자 • 드러커: 위험을 무릅쓰고 포착한 기회를 사업화하려는 모험과 도전의 정신

기업가의 역할

기업가의 역할은 상황에 따라 매우 다양하게 나타난다. 일반적으로 다음과 같이 구분해 볼 수 있습니다.

① 기존의 사업체가 아닌 새로운 사업체를 창업하거나 신규 사업 부서를 만드는 조직자(organizer)

② 경제 · 사회발전의 원동력이 되는 '창조적 파괴'를 수행하는 혁신자(innovator)

③ 기존 시장에서 채우거나 도달하지 못한 지점에 도달하는 전략가(strategist)

④ 새로운 비전 제시와 구성원 동기부여를 통해 목표를 달성하는 지도자(leader)

⑤ 두 가지 이상의 사회적 그룹이나 지역을 연결하는 중개자(linker)

⑥ 위험을 감수하고 이에 대한 보상적 수익을 추구하는 투자자(investor)

⑦ 기술, 시장, 조직, 사회의 대안을 제시하고 구현하려고 노력하는 설계자(architect) 역할 등…

다양한 기능을 수행하는 기업가들이 역사 속에 계속 새롭게 등장하면서 기업가의 모습을 하나로 규정하기 어렵게 되었습니다. 기존의 역할인 시장 중개, 지도자, 위험감수 등을 수행하는 기업가들도 여전히 존재하면서 새로운 기능들이 생겨나기 때문입니다.

그러나 기업가는 기본적으로 '실패와 성공의 가능성, 이익과 손실의 가능성이 동시에 존재하는' 불확실성의 상황에서 경제활동을 하는 사람입니다. 특히 이들 중에서 불확실성을 잘 판단하는 이들이 불확실성의 비용인 리스크를 감수하고 특정한 자원에 대한 소유와 활용을 통해서 새로운 결합인 '기술혁신'을 실현합니다. 이를 통해서 경제 시스템은 불황을 타개하는 새로운 활로를 찾게 되고, 이를 모방하거나 개선하는 일군의 효율형 기업가들이 등장하게 됩니다. 즉, 혁신형 기업가가 새로운 시장기회를 창출하면서 생겨난 시장 불균형을 효율적 기업가들이 자원을 조정하여 추가적인 공급을 제공하면서 활황으로 진행하는 기능을 합니다.

다시말해 기업가는 기본적으로 '실패와 성공의 가능성, 이익과 손실의 가능성이 동시에 존재하는' 불확실성의 상황에서 경제활동을 하는 사람입니다. 특히 이들 중에서 불확실성을 잘 판단하는 이들이 불확실성의 위험을 감수하고 특정한 자원에 대한 소유와 활용을 통해서 새로운 결합인 '기술혁신'을 실현합니다. 즉, 다소 모험적이지만 연구와 투자를 통해 새로운 제품이나 서비스를 만들어 신규시장을 만드는 역할을 합니다. 그러나 불확실성의 위험을 감수하는 모험적인 활동을 하는 과정에서 우리는 자주 실패하는 창업자들을 보게 됩니다. 실패에 초점이 맞추어진 신문기사나 뉴스를 통해 우리는 창업에 대한 부정적인 시선을 갖게 되는데, 티몬스와 스피넬은 기업가의 역할에 대한 잘못된 선입견 10가지를 표와 같이 정리했습니다.

표 2-2 기업가의 역할에 대한 잘못된 선입견 10가지

기업가는 타고난다?	No! 훌륭한 기업가 요건 중 선천적 요인보다 후천적 요인이 더 많고, 부족한 영역은 파트너십이나 인재 고용으로 보완 가능합니다.
사업 아이디어만 있으면 누구나 창업할 수 있다.	No! 창업에 성공하려면 사업 아이디어만으로는 부족합니다. 아이디어는 소비자, 시장환경에 대한 이해 등을 바탕으로 비즈니스모델, 사업계획서의 형태로 고도화되어야 합니다. 고객이 구매하지 않는 제품이나 서비스는 절대 창업에 성공할 수 없습니다.
기업가는 도박사다.	No! 기업가는 매우 세심하고, 무모한 위험이 아닌 계산된 위험을 회피하지 않고 감행하는 사람이다. 결코, 도박사는 아닙니다.
기업가는 아무 간섭도 없이 모든 일을 자신 뜻대로 한다.	No! 벤처기업이 성공하려면, 고객 · 투자 · 공급자 · 종업원 · 지역사회 등 여러 이해관계자의 도움이 필요하다. 기업가는 섬길 대상이 더 늘어납니다.
벤처기업가 (스타트업)는 모든 일을 혼자 한다.	No! 사업 초기에는 기업가 혼자서 모든 일을 할 경우도 있지만, 사업이 일정규모 이상이 되면 협조자의 도움 및 위임이 필요합니다. 즉, 벤처, 스타트업, 중소기업이 활성화되면 많은 고용이 창출되는 법입니다. 대학생 창업의 경우에는 창업준비기부터 팀원을 구성하여 하는 경우가 압도적으로 많습니다.
벤처기업은 매우 위험해서 망하기 쉽다.	No! 기업가가 유능해지려면, 벤처기업이 차별성이 부족한 일반중소기업보다 오히려 생존율이 높다. 유능한 기업가는 주위의 생각보다 사업의 위험을 덜 느낀다.
사업 성공에 가장 중요한 것은 자금력이다.	No! 창업의 3요소는 창업가, 아이템, 자본금입니다. 그만큼 중요하기도 하고 성공(생존)의 주요요소이긴 하지만. 창업자와 사업기회가 좋으면 자금은 외부에서 투자의 형태로 충분히 조달할 수 있다. 최근에는 사업화 지원금에서 단계별 엔젤투자에 이르기까지 다양한 정부지원사업도 자본금 조달의 중요한 역할을 합니다.

창업은 젊어서 해야 한다.	젊음이 사업 성공에 중요하나 경험과 지식도 중요합니다. 40대 이후에 창업해서 성공한 사례도 많다. 몇 번 작은 실패한 애들이 더 잘됨, 중년 충분한 경험을 하면 많이 안다는 장점이 있음, 중년 융합형 창업도 정부에서 지원하고 있음
돈을 버는 것이 기업가의 가장 큰 창업 목적이다.	대부분의 기업가는 단기적인 돈벌이보다 장기적인 자본수익, 성취 욕구, 꿈의 실현을 위해 창업하며, 돈은 수단인 경우가 많다.
좋은 아이디어를 가진 기업가는 1~2년 이내에 사업에 성공한다.	벤처기업 실패에는 1~3년이면 충분하지만, 성공하기까지에는 보통 5~7년이 걸린다. 너무 성급하게 결과를 얻으려고 하지 말아야 한다.

기업가의 유형

기업가의 유형에 대해서는 코울(Cole)과 댄호프(Danhof)의 분류를 들 수 있습니다. 코울은 경험적 기업가, 합리적 기업가, 인지적 기업가로 분류하였고, 댄호프는 혁신적 기업가, 모방적 기업가, 점진적 기업가, 관망적 기업가로 분류하였습니다.

Arthur H. Cole	경험적 기업가 Empirical Entrepreneur	경험에 의존하면서 혁신적인 일을 거의 시도하지 않는 사람
	합리적 기업가 Rational Entrepreneur	일반적인 경제 상황에 대해 잘 알면서 보다 혁신적으로 보이는 변화를 시도하는 사람
	인지적 기업가 Cognitive Entrepreneur	잘 알면서도 전문가의 조언과 서비스를 구하며 기존 체제와 완전히 다른 변화를 꾀하는 사람

Clarence Danhof	혁신적 기업가 Innovative Entrepreneur	새로운 상품, 새로운 방법, 새로운 생산기술을 소개하고, 새로운 시장을 개척하고, 기업을 재구성 하는 공격적인 산업 리더
	모방적 또는 각색적 기업가 Imitative or Adoptive Entrepreneur	다른 사람이 개발한 혁신을 모방하는 사람, CDChin 조선소는 미츠비시 중공업의 기술을 사용했다.
	점진적 기업가 Fabian Entrepreneur	겁이 많고 회의적이고 부끄러워하고 게으르다. 의지나 열망이 없다. 관례, 전통, 과거 실무에 의존하고 앞선 사람들의 발자취를 따른다.
	관망적 기업가 Drone Entrepreneur	느림보. 기회를 잡아 사용하기를 거절한다. 그는 시장성이 있는 시장에서조차 밀려날 수도 있다.

그밖에 새로운 사업을 시작하는 창업기업가(Nascent Entrepreneur), 창업주의 상속인으로 사업 경험이 없는 무경험기업가(Novice Entrepreneur), 과거 소유 경험이 있는 관습적 기업가(Habitual Entrepreneur), 사업을 시작하고 팔고 하면서 반복하는 반복적 기업가(Serial Entrepreneur), 본래 사업을 유지하면서 설립 또는 인수를 통해 추가적인 사업 포트폴리오를 구축하는 포트폴리오 기업가(Portfolio Entrepreneur) 등으로 나눌 수 있습니다.

기업가의 특성

김성수는 그의 저서 〈성공한 창업자의 기업가정신〉에서 기업가들이 갖추어야 하는 자질 또는 능력에 대해 학자들의 주장들을 기술하고 있는데, 이를 요약하면 [표 2-3]과 같습니다.

표 2-3 기업가가 갖추어야 할 자질

학자	기업가의 자질
페이욜 (H. Fayol)	① 건강과 신체적 적합성 ② 지력과 정신적 활력 ③ 도덕적 소양 ④ 일반교양과 상식 ⑤ 관리능력 ⑥ 타기능에 대한 지식 ⑦ 기업에 특유한 특수능력
테일러 (F. W. Taylor)	① 우수한 두뇌 ② 교육경험 ③ 전문적 지식 ④ 수완 ⑤ 담력 ⑥ 판단력 또는 상식 ⑦ 박력 ⑧ 정직 ⑨ 건강
드러커 (P. F. Drucker)	① 경영목표설정과 목표관리 ② 위험관리 ③ 전략적 의사결정 ④ 통합된 팀워크 ⑤ 미시관리와 거시관리 구분능력 ⑥ 경제분석능력
휴스톤 (G. H. Houston)	① 경영조직, ② 경영정책 ③ 관리경제 ④ 인관관계의 실천 ⑤ 감독의 원칙과 방법 ⑥ 관리과정 및 실천 ⑦ 의사결정과정
카츠(R. L. Katz)	① 기술적 기능 ②인간적 기능 ③ 개념적 기능

정대용과 김성수는 각자의 저서에서 성공적인 기업가와 실패한 기업가의 특성을 [표 2-4]에서와 같이 열거하고 있습니다.

표 2-4 성공적인 기업가와 실패한 기업가의 특성(자질)

	성공한 기업가	실패한 기업가
정대용 (2007)	독립 욕구, 적극성, 활동 에너지, 낮은 지원 의존도, 눈치, 끈기와 각오, 책임 의식, 문제해결 능력, 설득력, 자제력, 돈의 가치 인식, 자신감, 자부심, 시장감각(17가지)	탐욕, 부정직, 피해망상, 낮은 대인 안목, 성급함, 사업노하우의 결여, 관리통제 시스템의 결여(7가지)
김성수 (2009)	도전과 개척정신, 신용제일주의, 신념, 근검절약정신, 고객만족주의, 인재중시주의, 창의와 혁신정신, 책임주의 정신, 합리추구정신, 노사공동체정신, 정직과 정도주의, 사업보국정신(12가지)	탐욕과 낭비, 불성실, 피해망상, 판단력 부재, 인내력 부족, 사업지식 결여, 경영관리기법 무지, 두뇌회전의 지연, 신념결여, 도전과 개척정신 결여(10가지)

5. 기업가와 경영자

기업가는 경영기능을 수행하지 않고도 새로운 사업을 창업하는 데 반해 경영자는 인적자원관리, 생산관리, 마케팅관리, 재무관리 등의 경영기능을 수행하는 데 리더십을 발휘합니다. 기업가는 기업이 장기적으로 생존하고 성장하기 위해 경영기능이 필요하고 더 나아가 학습 과정을 통해 경영자가 될 수 있습니다. 그러나 기업가들은 유능한 경영자를 고용하고 자신은 새로운 벤처사업 탐색에 전력투구하는 것이 일반적입니다. 다음의 [그림 2-2]는 이와 같은 리더십, 경영, 그리고 기업가정신의 관계를 보여주고 있습니다.

한편 조직규모가 적정수준 이상으로 비대해지면 창업자가 지닌 타성과 편협된 사고는 조직성장의 제약조건으로 등장하게 됩니다. 그러므로 기업가적 기능이 전문경영자에게로 이전되어야 합니다. 즉, 참신한 아이디어와 혁신적 사고를

그림 2-2 리더십, 경영, 기업가정신의 관계

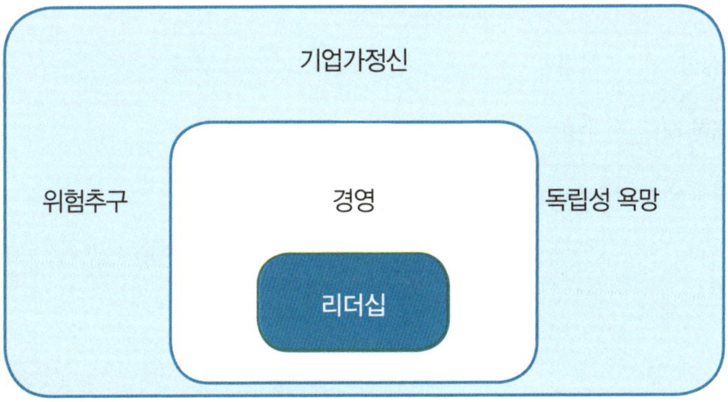

(출처: Joseph L. Masie and john Douglas, 〈Managing〉, 3rd ed.(NJ : Prentice-Hall, 1981). p.46)

통해 기업을 지속해서 성장 · 발전시켜 나아가려는 적극적인 자세가 경영자에게 필요합니다.

[표 2-5]는 기업가와 관료적 경영자 간의 핵심적 차이를 보여주고 있다. 이에 따르면 관료적 경영자는 보다 관리적인 경향이 있으나 기업가는 위험을 감내하면서 기회를 이용하려는 변화를 적극적으로 도모합니다. 그러므로 위험을 최소화하고 실패를 회피하려는 대규모 조직의 전통적 경영자들은 기업가들이 누리는 금전적인 보상을 포기해야 합니다.

또한 기업가는 외부여건과 시장 차원을 강조하며, 애매모호함을 수용하는 정도가 중간수준 이상으로 높습니다. 특히 기업가는 혁신분야에 관한 기술적 지식과 경험을 소유하고 있다. 이에 반해 관료적 경영자들은 내부여건과 원가차원에 관심을 기울이며, 애매모호함을 수용하려 하지 않습니다.

표 2-5 성공적인 기업가와 실패한 기업가의 특성(자질)

구분	기업가	관료적 경영자
동기부여 요인	독립성, 창조의 기회, 재무적 이득	사무실, 스텝, 그리고 권한 등 전통적인 보상과 승진
목표달성 시간	5~10년간의 성장 성취	단기목표 성취
행동	직접 참여	위임과 감독
위험성향	적절함	낮음
실패에 대한 태도	수용	회피

(출처: Joseph L. Masie and john Douglas, 〈Managing〉, 3rd ed.(NJ : Prentice-Hall, 1981). p.46)

6. 사례로 살펴보는 창업_실패해도 재도전

회사명	㈜원티드랩
창업일	2015년 4월
대표자	이복기 (41세, 서울대 경영학과, 액센추어 컨설턴트)
사업아이템	지인 추천 구인 · 구직 서비스 '원티드'
실적	누적 일자리 매칭 100만 건 국내외 이용기업 6,000곳 월 매출 10억 원 (2018) 누적 투자액 217억 원(2019 기준)
주요사항	벤처와 IT업계에서는 인재를 뽑을 때 학교나 직장 선후배로부터 추천받는다는 점에서 착안, 추천자와 합격자 모두에게 50만 원씩 보상금 지급 한국, 일본, 대만, 홍콩, 싱가포르에서 서비스 중

서울대 경영학과에서 학부와 대학원을 졸업한 이복기 CEO는 글로벌 컨설팅 업체 액센츄어(Accenture)를 거쳐 원티드(wanted)를 설립했습니다. 원티드는 지인 추천에 기반한 채용 서비스를 제공하는 스타트업이며, 추천한 지인이 채용되면 추천인과 합격자 모두에게 보상해주는 구조로 현재 아시아 5개국 3,000여 개 기업과 50만 이용자를 확보했습니다. 2017년 100억 원의 투자를 유치한 원티드는 고용 정보 서비스 기업 크레딧잡(kreditjob)을 인수해 빅데이터를 활용한 연계 서비스로 비즈니스 영역을 확대하고 있습니다. 2015년 4월 창업한 이후 4년간, 원티드로 100만 명이 새 일자리를 소개받았는데 이 매칭 데이터로 학습한 원티드

의 머신러닝 시스템은 지원서만 받아보고도 성사 여부를 70%까지 맞춰낼 수 있습니다. 원티드랩은 '회원이 모두 헤드헌터'라는 개념을 갖고 있습니다. 지인 추천 시스템을 도입해 취업에 성공하면 추천자와 취업자에게 50만 원씩을 줍니다. 이 돈을 회사는 '보상금'이라고 부릅니다. 일종의 현상금인 셈입니다. 창업 4년 만에 한국뿐 아니라 일본 · 대만 · 홍콩 · 싱가포르에서 6,000여 기업에 100만 명을 매칭시켰고 원티드는 매달 10% 고성장하며 한국에서 유력한 차기 유니콘(기업 가치 10억 달러 이상인 비상장 스타트업) 후보로 꼽히고 있습니다.

이복기 대표는 처음부터 창업자는 아니었으며 글로벌 컨설팅 기업 액센추어에서 '잘나가는' 컨설턴트였습니다. 30대 초반 이미 부장이 돼 1억 원 넘는 연봉을 받았는데, 2013년 회사를 그만두고 무작정 창업에 도전합니다. 첫 번째 아이템은 '집단소송'으로 개인 정보 유출 등 피해자가 많은 사건이 났을 때 원고를 모아 소송을 대행하는 스타트업을 세웠으나 실패했습니다. 두 번째는 여행 사업이었는데 외국인을 대상으로 여행 체험 프로그램을 중개하는 서비스 역시 실패로 끝났습니다. 그는 "법은 내가 잘 모르는 분야였고, 내가 잘 알고 좋아하는 여행을 골랐지만 망했다"고 했습니다.

아직 우리사회가 실패가 용인되는 분위기가 덜 형성되어 있어서 많은 사람이 창업과 재도전을 두려워한다고 합니다. 실패를 교훈 삼아 다시 성공한 이 대표는 모험적인 투자와 도전적인 기업가정신을 강조하고 있습니다.

"저는 실패했다고 손가락질을 받거나 눈치 보는 것은 스스로 극복해야 하는 문제라고 생각해요. 어느 사회나 그런 것은 있습니다. 하지만 제도와 창업자 모두 준비가 필요합니다. 우리나라는 창업을 하면 제도적으로 CEO가 무한 책임을 지죠. 우리도 선진국처럼 좀 더 '모험적인' 자본 투자가 필요합니다. 정부 자금으로 모태펀드를 운영하는 경우 수익률이 낮으면 안 되니 엄격하게 감시해요. 여기까지도 이해할 수 있습니다. 문제는 방향성이에요. 실패할지라도 한 번 터지면

엄청나게 많은 일자리와 경제적 가치를 창출할 수 있는 곳에 투자할 수 있도록 운영해야 해요. 무조건 잃지 않기 위해 운영하는 것은 문제가 있습니다."

Q 머신러닝은 무엇인가요?

A 컴퓨터가 스스로 방대한 데이터를 분석해서 미래를 예측하는 기술입니다. 머신러닝을 우리말로 옮기면 '기계 학습'이라고 할 수 있는데 이것은 인공 지능 연구의 한 분야입니다. 이복기 대표님은 경영학을 전공했지만 개발자, 디자이너와 팀을 이루어 머신러닝 기반의 사업모델을 구축했습니다. 내 주변의 다른 전공을 한 친구들은 누가 있나요?

Q 실패하고 재도전이라니요?

A 이번 단원에서 우리는 창업가정신의 구성요소를 살펴보았습니다. 불확실하고 위험한 상황에도 불구하고, 기회를 포착하여 도전하는 도전정신! 실제로 초기 창업자의 85%가 실패한다고 해요. 그렇지만 이런 실패를 다시 경험삼아서 다른 분야의 성공으로 이어지도록 해야겠지요. 정부에서도 실패를 경험으로 삼아 창업에 재도전 할 수 있게 하는 다양한 지원사업을 제공하고 있습니다.

생각 나누기

1. 실패를 통해 성공을 배운다고 합니다. 우리 사회는 실패가 성공의 과정이 되도록 어떤 노력을 하고 있는지 알아봅시다.

2. 창업을 한다는 가정하에 나와 함께 프로젝트를 할 수 있는 팀원을 나열해봅시다. 그들을 팀원으로 선택한 이유는 무엇인가요? 그들은 어떤 배경을 갖고 있나요?(조별 수업일 경우, 조원들의 성향을 관찰해 봅니다)

CHAPTER

03

기업가정신의 특성과 발전단계

1. 기업가정신의 특성, 구성요소를 알 수 있습니다.
2. 기업가정신의 발전단계를 살펴보고 확장된 개념의 기업가정신을 이해합니다.
3. 최근 급격히 부상하고 있는 사회적기업가정신과 소셜벤처에 대해 알아봅니다.

#기업가정신의 특성

#기업가정신의 핵심요소

1. 기업가정신의 특성

스티븐슨(Stevenson, 1999)이 주장하는 기업가정신의 특성을 정리해 보면 [표 3-1]과 같습니다. 먼저 기업가정신의 특성은 "기회를 어떻게 포착하고 추구하는가?"하는 관점에서 보면 ① 기회에 초점을 둔 전략적 성향과 ② 포착한 기회의 과감한 추구로 나타납니다. 아울러 "기회를 포착한 다음에 요구되는 자원을 어떻게 확보하는가?"하는 관점에서 보면 ③ 다단계에 걸친 자원확보 방식, ④ 활용 중시의 자원관리 방식, ⑤ 비공식 네트워크를 적극 활용하는 수평적 관리방식, 그리고 ⑥ 가치 창조의 중심의 보상체계를 들 수 있습니다.

표 3-1 기업가적 경영자와 관리적 경영자의 비교

기업가정신의 특성	기업가적 경영자	관리적 경영자
전략적 성향	기회의 인지에 따름	현재 통제가능한 자원에 의존
기회포착의 노력	단기간의 혁신	장기간의 진화
자원확보의 노력	단계별 최소노출로 다단계 접근	완전한 결정을 수반한 단일단계
자원의 통제방식	필요자원의 간헐적 사용 또는 렌트	필요자원의 소유 또는 고용
관리구조	다수의 비공식적 네트워크를 가진 수평적 방식	공식화된 수직적 방식
보상정책	• 가치 근거 • 성과 중심 • 팀 중심 • 무한 금액	• 보안 근거 • 자원 중심 • 승진 중심 • 제한된 금액

출처: Stevenson(1999), "A Perpective on Entrepreneurship", in The Entrepreneurial Venture, Harvard Business School Press

Timmons(1994)는 기업가정신의 세 가지 핵심요소로 ① 기업가와 팀, ② 기회, ③ 자원을 제시하고 있습니다. 기업가정신이 실현되어 가는 기업가적 과정(entrepreneurial process)은 이 세 가지 요소들이 서로 결합하면서 적합성을 이루고 또 부족한 부분을 서로 보완해가는 과정이라 할 수 있습니다. 기업가는 자신의 특성에 맞는 기회를 먼저 선택하고 그다음에 자원격차(resource gap)를 해결하려고 노력합니다. 즉 기업가적 과정은 기회를 먼저 포착한 후에 필요한 자원 확보를 위해 격차를 메우는 과정이라고 볼 수 있습니다.

여기서 중요한 것은 결핍, 부족, 격차가 기업가정신을 유발하기도 한다는 사실입니다. 즉 기업가정신이란 결핍 · 부족에서 새로운 필요 · 기회를 인식하고, 이를 실현하기 위해 외부자원을 적극 활용하여 부족한 자원을 확보하고 활용하여 성과를 이루고, 그 성과를 그 과정에 기여한 모든 주체에게 합리적 방식으로 배분하는 과정이기도 합니다.

기업가정신의 본질적 특성은 기회에 대한 갈망, 모험적인 여정, 혁신을 통한 가치창출로 정리해 볼 수 있습니다.

첫째, 기업가정신은 기회에 대한 갈망으로 설명할 수 있는데, 기회는 떠다니는 것처럼 잘 잡히지는 않지만 어디엔가는 있는 것입니다. 기업가정신은 기회에 집착합니다. 새로운 가치를 창출하는 기회에 대해 헌신합니다. 그리고 기회는 준비되고 안목이 있는 기업가에게는 명확하게 보이는 것입니다.

둘째, 기업가정신은 새로움을 향한 탐험의 여정입니다. 기업가는 불확실성과 위험, 새로운 발견을 향해 나아가는 항해의 길을 선택합니다. 모든 사람이 가는 똑같은 길을 간다면, 그곳에서 별다른 성취를 찾기는 어렵습니다. 기업가는 사람들이 잘 가지 않는 길 중에서 흥미로운 길을 선택하여 나아가고 예상치 못한 시련을 극복하고 나서 마침내 새로운 곳에 다다르게 됩니다. 기업가정신을 가진 사람들은 일종의 신대륙 탐험가인 셈입니다.

셋째, 기업가정신은 혁신을 통해 문제를 해결하고 새로운 가치 창출을 지향합니다. 사회에 아무 문제가 없고 새로운 요구가 없다면, 어떤 사업도 필요 없을 것입니다.

'기존의 방식이 아니라 새롭게 문제를 해결하는 방식을 만들어내는 것'

그것이 바로 혁신이며, 기업가정신은 혁신을 추구하고 있습니다.

최근에는 이익 창출을 목표로 하는 영리기업을 중심으로 신사업개발 및 창업 부문에서 발전해 온 기업가정신의 메카니즘과 원리가 순수 상업적 영역을 벗어나 대학 및 비영리단체, 사회적 기업 등 다른 영역으로도 확대 적용되고 있습니다.

표 3-2 기업가적 과정의 주요 유발 요인들

기회 Opportunity	• 기회 = 기술적 실행 가능성 + 시장 진출 가능성 • 기회의 창을 포착 • 패턴 인지를 통한 매력적인 기회를 식별 • 스크린 – 시장성, 기술성, 경제성, 전략
자원 Resources	• 자원 = 인력, 자금, 경영 능력, 네트워크 • 자원의 사용 최소화 • 타인 자원의 활용 • 현금흐름 관리
기업가 팀 Entrepreneurial Team	• 기업가의 의지, 경험, 헌신, 경영 능력 • 기업가의 동기부여, 평판, 의사소통 능력, 리더십 • 기업가의 네트워킹 능력, 네트워크의 밀도와 다양성 • 기업가 팀의 시너지, 팀워크, 신뢰와 화학적 반응

기업가정신의 구성요소

기업가정신이란 "미래의 불확실성과 높은 위험에도 불구하고 주도적으로 기회를 포착 · 도전하며 혁신 활동을 통해 개인적 · 사회적으로 새로운 가치를 창조하는 실천적 역량"이라고 정의할 수 있습니다. 이러한 기업가정신의 정의를 세분화하여 살펴보면 이를 구성하는 요소들을 쉽게 찾아낼 수 있습니다.

'불확실성과 높은 위험에도 불구하고'는 도전정신에 해당하고, '주도적으로'는 리더십을 의미하며, '기회를 포착 · 도전하며' 또한 도전정신에 해당한다. '혁신 활동을 통해'는 혁신성에 해당하고, '개인적 · 사회적으로 새로운 가치'는 가치 지향성을 의미하며. '새로운 가치를 창조하는 실천적 역량'은 창조성에 해당합니다. 따라서 기업가정신은 도전정신, 창조성, 혁신성, 리더십, 가치 지향성으로 특징지을 수 있습니다.

표 3-3 기업가정신 정의의 분해와 구성요소

(Where)	불확실하고 위험한 상황 ➡ 도전정신(적응력)
(Who)	자신이 주도적으로 ➡ 리더십
(When)	기회를 포착 · 도전하며 ➡ 도전정신
(How)	혁신 활동을 통해 ➡ 혁신성
(Why)	인적 · 사회적 편익을 위해 ➡ 가치 지향
(What)	새로운 가치를 창조 ➡ 창조성

또한 이들 주된 구성요소를 인성적 특성, 행동적 특성, 철학적 특성으로 세분화하면 [표 3-4]와 같은 세부 요소까지 도출할 수 있습니다.

표 3-4 기업가정신의 구성요소

주요 요소	세부 요소		
	인성적 특성	행동적 특성	철학적 특성
도전정신	위험감수성 모호성에 대한 인내	진취성(적극성)	미래 지향성
창조성	새로움 추구	유연성(융합적 사고)	외부수용성(개방성)
혁신성	변화 선호 경향	문제해결 의지	기술중시성
리더십 자기주도형	자율성	사회적 네트워킹	자기효능감
가치지향	성취욕구	목표 지향성	사회공헌

2. 기업가정신의 발전단계

연구과제로서의 발전과정

기업가정신을 본격적인 학문 연구의 하나의 주제로 다루기 시작한 역사는 30여 년 정도밖에 되지 않았습니다. 자본주의 경제발전에서의 파괴적 혁신의 실행자로서 기업가의 중요성을 최초로 언급한 슘페터의 연구(Schumpeter, 1934) 이후, 많은 경제학자에게 기업가정신은 시장 기능의 중요한 요소로 다루어지기 시작했다. 경제학자들은 기업가들의 기업활동과 혁신이 시장에 어떠한 영향을 가져올 것인가를 연구하는 한편, 기업가의 위험감수성과 이윤 추구 사이에서의 경제적 편익에 대해 고민했습니다(Knight, 1921).

1960년대에 들어 기업가정신 연구는 기업가의 개인적 특성에 초점을 맞추어, 성공하는 기업가들의 인적 특성은 무엇이며, 창업 활동을 수행하는 사람과 그렇지 않은 사람들 간의 차이점은 무엇인가를 연구하려는 행동 과학과 심리학 기반의 접근법이 활발히 활용되었습니다(McClelland, 1961). 이러한 연구의 흐름은 기업가 개인의 특성과 재능에 초점을 맞추기 때문에, 기업 창업 이후의 성장과 생존에 있어서 기업의 다른 구성원들을 포함한 조직, 기업 운영에 관한 전략 및 프로세스 관점을 효과적으로 반영하지 못한다는 약점이 있습니다.

1980년대에 들어 기업 경영에 대한 다양한 분야별 연구가 진행되면서, 기업가정신과 중소기업에 관한 연구도 본격적으로 시작되었습니다(Landstrom, 2005; Stevensoin & Jarillo, 1990). 특히 중소기업과 별개로 독립적인 연구 분야로서의 기업가정신 연구는 1990년대에 들어서야 시작합니다(김영환 · 양태용, 2013;

Blackburn & Smallbone, 2008). 이렇게 독립적 학문 분야로서의 기업가정신 연구가 활발해지면서, 기업가정신 연구자들은 기업가정신을 프로세스(entrepreneurial process)와 사회적 환경(social context)의 두 가지 중요한 관점으로 바라보게 됩니다.

Low & MacMillan(1988)은 기업가정신 연구에 있어 창업 초기의 기회포착 단계에서부터 창업 단계, 성장 단계, 생존 및 소멸에 이르는 일련의 기업 성장 단계에 맞추어 기업가정신을 바라보는 프로세스적 관점의 연구들과 기업가 개인이나 창업 기업 내부의 역량을 벗어나 기업창업과 함께 기업의 성장과 생존을 돕는 외부 환경적 요소(맥락)를 이해하려는 환경 차원의 연구가 동시에 필요함을 강조했습니다.

한편 실리콘밸리의 성공 사례 등을 통한 기업가정신의 지역 및 국가 차원의 경제 기여에 대한 효과를 인식한 각국 정부의 기업가정신 증진과 창업 활동 증대를 위한 정책적 노력과 함께 기업가정신 지표 개발 등을 통한 국가 차원의 기업가정신 연구가 보다 활발히 진행되고 있습니다.

표 3-5 기업가정신 연구 흐름의 변화

경제학적 접근(Economic Approach)	행동과학적 접근(Behaviral Science)
• 경제학자 중심 • 기업가정신이 시장기능의 하나로 다루어짐 • 기업가들의 행동이 시장에 어떠한 영향을 가져올 것인가?	• 조직학자, 사회학자 중심 • 기업가의 개인적 특성에 초점을 맞춤 • 기업가는 어떠한 특성을 가지며, 기업가가 되려는 동기는 무엇인가?
기업가적 프로세스	**사회적 환경(Social Context)**
• 경영학자, 전략학자 중심 • 기업가적 프로세스에 초점 • 단순한 기업가적 현상의 묘사가 아닌 창업 준비 – 창업 – 성장 – 소멸에 이르는 기업가의 총체적 과정에 대한 연구	• 경영학자, 사회학자, 유럽 학자 중심 • 기업가적 생태계 연구 • 기업가적 행동 양태의 표현이 아닌 기업가적 활동에 이르게 되는 맥락(환경요소) 차원의 연구

하지만 여전히 기업가정신 연구 결과물의 대부분은 경제학, 심리학, 경영학 등의 주요 학문 분야의 이론에 기초하고 있으며, 독자적인 이론 개발 성과가 부족한 상황입니다. 또한 기업가정신이라는 개념 특성상 경영과학 분야에서 그 정당성을 인정받고 학문적인 성과를 이룩하기에는 어려움이 많습니다. 따라서 보다 체계적이고 축적 가능한 독립적인 학문 분야로서의 기업가정신의 위상 확립과 함께 기업가적 활동과 기업가적 생태계를 효과적으로 설명할 수 있는 기업가정신 고유 이론의 개발 노력이 요구됩니다.

2000년대 들어 특히 기업가정신 연구에 대한 다양한 학자들의 시도가 이루어지고 있으나, 기업가정신 연구의 짧은 역사와 독립적인 학문 분야로서의 정통성 및 이론의 부재로 기업가정신 연구 주제에 대한 통일된 분류 체계는 존재하지 않는 실정입니다(Schildt et al., 2006). 하지만 기본적으로 Low& MacMillan(1988)의 프로세스와 환경 관점을 바탕으로, Ucbasaran et al.(2001)의 연구에서는 ① 기업가정신 이론, ② 기업가의 유형, ③ 기업가적 프로세스, ④ 조직 유형, ⑤ 외부 환경, ⑥ 성과의 6가지 차원의 기업가정신 연구 분야를 제시하고 있습니다.

김영환 · 양태용(2013)의 연구에서는 다양한 기업가정신 연구의 경향을 조사한 선행연구들에서 활용한 연구 분야 구분 기준을 조사분석 하여, ① 기업가 및 기업가정신 일반, ② 기회, ③ 자금조달 및 벤처캐피털, ④ 기업가적 전략 및 성장 프로세스, ⑤ 벤처기업의 성과(성공과 실패), ⑥ 경영 관련 이슈, ⑦ 기업가 네트워크, ⑧ 기업가의 창업 환경 및 경제 발전, ⑨ 기업가정신 관련 정책 및 정부 지원 프로그램, ⑩ 다양한 기업가정신(여성 기업가정신, 가족 기업, 프랜차이즈 등), ⑪ 사내 기업가정신 및 사회적 기업가정신, ⑫ 국제 기업가정신, ⑬ 기업가 윤리, ⑭ 기업가정신 교육, ⑮ 기업가정신 연구, ⑯ 기술경영 및 혁신과 같이 기업가정신 관련 연구 주제를 보다 세분화한 개념 프레임워크를 제시했습니다.

이 중 기업가적 전략과 경영 이슈, 기술경영 및 혁신 이슈들은 기업 내부 환경에 해당하며, 기업가와 기회, 기업 성과와 네트워크, 자금조달 등은 기업을 둘러싼 외부 환경에 해당합니다. 창업 활동을 수행할 기업가들을 배출하는데 필요한 교육과 창업 환경 및 정책 인프라 등은 기업의 사업 환경을 우호적으로 만드는 사회적 환경이며, 이러한 기업가정신은 기존 기업 내, 대학, 정부 조직 및 공공 기관 등 다양한 조직 내에서 발현됩니다.

주요 경영학 관련 국제학술지에 실린 기업가정신 관련 연구 논문의 수나 내용을 살펴보면, 기업가정신이라는 하나의 연구 주제가 경영학(경영과학 포함)분야에서 중요한 연구 분야로 인정받고 있는지를 파악할 수 있습니다. 경영학 관련 연구자들에게 가장 많이 인용되는 등 학문적 성과가 가장 탁월한 것으로 일컬어지는 7종의 주요 경영학 관련 학술지에 게재된 2000~2009년 사이의 10년간의 기업가정신 관련 연구논문 흐름을 살펴보면, 기업가정신 관련 연구는 1985~1999년에 비해 비약적으로 증가한 것을 알 수 있습니다. 논문 수는 총97편에서 197편으로 늘어났으며, 총 논문 수에 대한 비중으로는 1.8%에서 4.8%로 증가했습니다. 7종의 주요 경영학 관련 국제학술지는 AMJ(Academy of Management Journal), AMR(Academy Management Review), ASQ(Administrative Science Quarterly), JOM(Journal of Management), MS(Management Science), SMJ(Strategic Management Journal)입니다.

김영환 · 양태용(2013)은 2000~2009년 사이에 6종의 주요 기업가정신 전문 국제학술지에 게재된 연구 논문을 주제별로 분류하였는데, 총 1,810편의 논문 중 기업가의 창업 환경 및 경제 발전과 관련된 연구가 259편으로 가장 많았으며, 여성 기업가정신, 가족 기업, 프랜차이즈 등을 다룬 다양한 기업가정신에 대한 연구가 231편으로 그다음으로 많았습니다. 그다음으로는 기업가적 전략 및 성장 프로세스, 자금 조달 및 벤처캐피탈의 순서로 연구 논문 수가 많았습니다. 한편 게재 논문의 세부 연구 주제를 살펴보면, 네트워크 및 사회적 자본에 대한 연구 비중이 가장 높은 것으로 나타났으며, 가족 기업, 기업가정신 함양 및 창업 활성화를 위한 공공 정책, 제도 및 규제에 대한 연구도 활발하였고, 기업가적 전략 및 계획, 기업가의 자금조달 등 창업 기업의 경영 이슈에 대한 연구주제도 중요하게 다루어지고 있습니다.

앞으로의 기업가정신 연구는 위와 같은 학문 연구로서의 주제 세분화가 심화될 것입니다. 불과 10년 전에는 부각되지 않았던 사회적 기업가정신이나 엔론 사태로 불거지기 시작한 기업가의 윤리성은 최근 기업가정신 연구에서 매우 주목받는 주제이며, 기업가의 사회적 자본과 네트워킹 활동이 창업 이전 단계부터 창업 기업의 성장에 어떠한 긍정적인 효과를 가져오는지에 대한 기업가적 생태계 관점에서의 분석은 기업가정신 관련 핵심 연구 주제로 자리 잡았습니다.

또한, 기업가정신을 창업 활동 자체에만 초점을 맞추는 것이 아닌, 창업 준비 – 창업 단계 – 성장 단계 – 회수 및 재도전(실패) 단계의 기업가적 프로세스 차원으로 구분하여, 단계별 기업가정신의 발현과 기업성과와의 연관성을 탐구하기 위한 연구가 확대되고 있습니다. 마지막으로 교육, 자금, 규제, 지원 정책 등의 환경 요소들을 포함하는 국가 차원의 기업가정신 수준을 진단하기 위한 기업가정신 지수 개발 연구와 같은 대규모 프로젝트성 연구는 각국 정부의 경제발전과 지속 성장을 위한 기업가정신 함양에 대한 높은 관심과 더불어 지속적으로 그 중요성이 증대될 것으로 예상합니다.

3. 기업가정신의 확장

기업가정신은 "기회에 초점을 두고, 총체적인 접근법과 균형 잡힌 리더십을 바탕으로 하는 사고 추론하고 행동하는 방식"입니다(Timmons, 1994). 따라서 기업가정신은 다양한 대상과 상황에도 적용될 수 있습니다. 예를 들어, 기존 기업과 무관한 창의적인 개인이나 소집단이 창업하는 과정에서 발휘되는 기업가정신을 "독립적 기업가정신"(independent entrepreneurship)이라고 하면, 기존 기업에 소속된 개인이나 소집단이 기업 내에 새로운 조직이나 사업을 만들거나 조직 전체를 혁신적으로 변화시키는 과정에서 나타나는 기업가정신은 "사내 기업가정신"(corporate entrepreneurship)또는 "기업내 기업가정신"이라고 할 수 있습니다(Sharma and Chrisman, 1999).

아울러 기업가정신은 창조와 혁신과 도전을 통하여 시장가치를 창출하여 수익을 실현하려는 영리기업에만 필요한 것이 아니라 사회나 국가에 유익한 가치를 창출하기 위해 창조와 혁신과 도전이 필요한 비영리기관에도 필요합니다. 기업가정신이 확장되고 있는 비영리기관으로는 대학과 사회적 기업이 대표적입니다. 또한 조직 차원에서 뿐만 아니라 국가 차원에서도 필요하기에 국가별로 기업가정신의 활성화 정도를 나타내는 지수를 개발하여 측정하기도 합니다.

벤처기업가정신

기업가정신의 기업가는 어원상 창업자(Entrepreneur)라는 점에서 모험(venture)을 내포하고 있기에 기업가정신은 벤처기업가정신에서 가장 잘 나타난다고 볼 수 있습니다. 벤처기업가정신은 기존 시장 상황에서 전혀 없는 아이디어나 기술을 기반으로 새로운 제품이나 사업영역을 창조하려는 과정에서 발휘되는 정신입니다. 벤처기업가는 장신의 꿈과 비전을 현실에서 구현하려는 전략을 가지고 있으며 변화하는 사회 환경 속에서 기업조직의 목표와 사업영역의 가능성과 한계를 인식하고 조직 내 · 외부의 다양한 자원을 활용하여 목표를 달성하도록 노력합니다.

따라서 벤처기업가정신은 기업과 사회의 연계를 넘어서 '사회 속의 기업'이라는 인식 전환이 핵심입니다. 특정한 자원과 역량을 가진 단위기업이 외부의 다양한 사회 환경에 반응하고 대응하는 소극적인 것이 아니라 어떤 목표와 방향을 설정하고 어떤 자원과 역량을 기업내부에서 키워서 외부적 자원과 역량을 더불어 최대화할 것인지, 또한 그러한 내 · 외부의 자원과 역량을 조직화하여 달성하고자 하는 목표를 사회 환경의 변화 속에서 수정하고 변화시켜낼 것인지, 그리고 수정되고 변화된 목표가 합당치 못하면 어떻게 조직을 처분할 것인지 등을 내용으로 하는 사회적 혁신(social innovation) 정신이 바로 벤처기업가정신입니다.

사내 기업가정신

Sharma and Chrisman(1999)은 기업가정신을 독립적인 기업가정신과 기존기업에서의 기업가정신으로 나누고, 기존기업에서의 기업가정신은 다시 사내벤처(corporate venturing)와 전략쇄신(strategic renewal)으로 구분했습니다. 그리고 사내벤처를 다시 내부창업형(internal corporate venturing)과 외부창업형(external corporate venturing)으로 분류했습니다. 여기서 외부창업형 사내벤처는 신규사업 수행을 위해 기존기업 내부가 아닌 기업 외부에 합작이나 파생기업 형태로 별도의 조직을 만드는 경우를 의미합니다.

Zahra(1991)는 사내기업가정신이 주로 기존기업 내에서 제품과 공정의 혁신이나 시장개발을 통해 신규사업을 창출하는 데 역점을 두고 있으며, 공식적 또는 비공식적 활동을 다 포함한다고 설명합니다. 아울러 Sharman and Chrisman(1999)은 좀 더 넓게 "기존기업에 소속된 개인이나 소집단이 기존기업 내에 새로운 조직이나 사업을 만들거나 조직 전체를 혁신적으로 변화시키는 과정에서 나타나는 기업가정신"을 사내 기업가정신으로 정의합니다.

따라서 Zahra(1991)와 Sharma and Chrisman(1999)의 주장을 바탕으로 사내기업가정신을 “기존기업 내에서 사내기업가가 신규 사업을 개발하거나, 조직을 전략적으로 쇄신하는 과정에서 나타나는 기업가적 사고방식 및 행동양식”이라고 정의할 수 있습니다. 이 정의는 ① 독립적 창업이 아닌 기존기업 내에서 발휘되는 기업가정신을 강조하고 있으며, ② 사내기업가의 존재를 핵심 요소로 보고 있으며, ③ 사내벤처와 전략쇄신을 기업가적 활동의 주된 내용으로 포함하고 있으며, ④ 사고방식을 바탕으로 행동이 수반되는 활동임을 강조합니다.

기업가적인 사고방식이 관료적인 대규모 조직에 들어가게 되면, 대규모 조직이라 할지라도 혁신이 가능해집니다(Kuratko and Hodgetts, 2007). 크게 보면 사내 기업가정신은 기존기업에서 신규 사업을 개발하는 경우뿐만 아니라, 새로운 전략적 쇄신을 위해 전체적으로 조직을 변화시키는 활동도 포함합니다(Guth and Ginsberg, 1990). 아울러 기존 기업들은 기존사업을 통해 안정적으로 수익을 창출하면서, 지속 성장과 생존을 위해서 미래 수요가 큰 신규 사업을 탐색하고 개발해야 하는 양면적 노력을 해야 하며(Garvin and Levesque, 2006), 때에 따라서는 조직구조도 양면적 조직의 형태를 유지해야 합니다.

그런데 사내벤처도스타트업의 특성상 성공률이 낮기 때문에 기존기업들은 사내기업가정신을 촉진하고 신규 사업의 성공률을 높이기 위해 다양한 실험과 시도를 합니다. 특히 대기업들은 다양한 전략을 선택할 수 있는데, 대기업에서 취할 수 있는 벤처 전략을 투자기업의 관여가 큰 순으로 살펴보면 ① 별도 부서인 벤처 사업부 형태로 사내벤처 설치, ② 벤처기업 인수합병, ③ 대기업과 벤처기업 간의 합작벤처기업, ④ 파생된 별도법인, ⑤ 자본투자와 경영 참여 · 지원을 병행하는 벤처사업 육성 ⑥ 사내벤처캐피탈을 통해 유망벤처기업에 투자 등 6가지가 있습니다(Roberts, 1980).

특히 이 중에서도 사내벤처는 대기업의 참여도가 가장 큰 형태이며, 3M 등 많은 대기업들이 이 제도를 사용하고 있습니다. 사내벤처는 “기업이 기존사업과는 다른 신규 사업을 개발하기 위해, 기업가정신을 가진 사내기업가를 중심으로 사내 자원을 활용하여 추진하는 혁신 활동"이라고 할 수 있습니다. 사내벤처 제도를 도입하는 목적으로는 ① 생존과 지속적 성장(다각화, 신제품 · 시장개발, 자본이득), ② 창의적인 기업문화 형성, ③ 직원들의 자아실현 욕구 충족, ④ 우수 인력 유출 방지, ⑤ 미래 경영자 육성 등을 들 수 있습니다.

한편 사내벤처 제도의 특성은 ① 내부자원(인력, 자금, 아이디어 등)을 활용하여 추진되고, ② 고위험 고수익(high risk, high return)에의 도전 기회를 제공하며, ③ 다양한 대안들(M&A, licensing, 합작 등)과 비교해서 추진되며, ④ 조직 독립성과 경영 자율성을 제공하여 유연하고 창의적인 활동을 보장해야 하며, ⑤ 사내기업가와 참여 팀의 기업가적 행동양식에 기반을 두고 있다는 것으로 요약할 수 있습니다.

기존 연구들(Bart, 1988; Ireland, Kurato and Covin, 2003)을 바탕으로, 기존 기업들이 사내 기업가정신을 통해 신사업 개발과 전략적 쇄신을 효과적으로 수행하기 위한 요건들을 정리하면 다음과 같습니다.

첫째, 벤처사업전략을 궁극적인 목표에 따라 체계적으로 정립하고 효과적으로 실행해야 한다. 예를 들어, 각 기업이 추구하는 것이 신사업 개발인지 전략적 쇄신인지, 신사업 개발이라면 기업 외부의 벤처기업에 투자하고 육성하는 간접전략을 택할 것인지 아니면 기업 내부에 사내 벤처를 직접 설치할 것인지 전략적 차원에서 검토하고 방향을 정해야 한다.

둘째, 기업 내에서 기업가적 활동, 특히 신사업 · 신제품 개발을 촉진하기 위해서는 이를 추진할 수 있는 다양한 조직 구조를 설계하고 실행해야 한다. 예를 들면 '아이디어 창출 그룹'을 별도로 운영하거나, 전사적 기업가적 활동을 점검하고 지원하는 체계를 설계할 수도 있다.

셋째, 양손잡이 조직을 통해 기존 사업과 신규 사업이 균형적으로 발전하기 위해서는 이에 맞는 유연하고 활기찬 조직 분위기를 만들어야 한다.

넷째, 사내벤처를 추진함에 있어서는 제시된 새로운 아이디어를 제대로 선별하고 보육하고 육성하는 프로세스가 장착되어야 하며, 아울러 사내기업가에 대한 평가 및 보상 시스템도 필요하다.

다섯째, 기업 내에 많은 사내기업가들이 배출될 수 있도록 역량을 키우고 새로운 경험을 할 수 있는 기회를 제공해야 한다.
여섯째, 무엇보다도 경쟁력 있고 매력적인 사업 아이디어와 기회가 발굴되어야 하고, 이러한 아이디어들이 내부 저항으로 쉽게 폐기되지 않도록 제도적 설계가 필요하다.
일곱째, 최고경영층이 신념과 의지를 바탕으로 지속해서 사내벤처를 육성하면서 힘을 실어 주어야 하며, 너무 조급하지 않게 그 결과를 기다릴 수 있어야 한다.

사내벤처 제도를 가장 성공적으로 활용한 기업으로 3M이 대표적입니다. 3M은 혁신을 촉진하는 제도와 자율적 문화를 바탕으로 많은 신규 사업을 신사업개발부를 통해 성공적으로 수행해 왔습니다. 3M의 혁신촉진제도에는 ① 최근 4년 내에 개발된 신제품의 매출액이 각 사업부의 전체 매출액의 30% 이상이 되어야 한다는 "30% 법칙", ② 연구인력들에게 전체 근무시간의 15% 내에서 자신이 하고 싶은 연구를 개별적으로 할 수 있도록 보장해주는 "15% 법칙", ③ 가능한 한 참신한 아이디어가 쉽게 죽지 않고 살아갈 기회를 많이 주기 위해, 기업 내에 설치한 다양한 자금원천, ④ 동료나 젊은 관리자에 의해 과제를 평가하고 자원을 지원하도록 설계된 "제네시스"(Gensis) 프로그램 ⑤ 기존 사업과 경쟁을 유도하면서, 한편으로는 실패에 대비해 설계된 "안전장치" 등을 들 수 있다. 한편 구글(Google)도 개인의 창의성을 촉진하기 위해 3M의 15% 법칙보다 더 나아간 "20% 법칙"을 도입하여 서비스를 개발하고 있습니다.

3M이나 구글은 창의적 아이디어가 살아갈 수 있는 제도적 또는 문화적 기반이 조성되어 있는데 비해, 대다수의 국내 기업은 이러한 기반이 부족한 상황입니다. 특히 과거에는 거의 모든 기업들이 창의적 아이디어가 살아갈 수 있도록 도와주는 제도적 기반이 취약했는데, 이러한 경우에도 잠재적 사내기업가들이 있었던 기업에서는 비전을 가진 핵심 인력들에 의해 다양한 과정을 거쳐 신제품, 새로운 서비스, 신 사업부가 성공하기도 했습니다.

대학 기업가정신

대학은 인력양성, 지식창출, 기술혁신의 원천으로서 지식중심사회에서 매우 중요한 위치에 있습니다. 일반적으로 대학의 역할은 ① 새로운 지식에 대한 교육, ② 연구, ③ 기여로 구분할 수 있으며, 이러한 활동들을 통해 우수인력, 신생 지식과 기술, 아이디어나 지혜가 공급됩니다. 그렇지만 많은 국가에서 대학은 진리의 상아탑에 머물고 혁신 엔진으로서의 역할이 미흡하다는 비판을 받아 왔습니다. 급격하게 변화하는 사회 및 경제 환경 속에서 대학의 역할도 변화가 필요한 상황입니다. 아울러 대학 입장에서도 학교 발전을 위해서는 더 많은 재원이 필요하게 되었고, 이러한 재원을 확보하기 위해 보유 기술들을 산업계로 이전하여 사업화하거나 다양한 수익 창출 메커니즘도 도입하는 등 산학협동 노력을 강화하고 있습니다. 실리콘밸리의 스탠포드 대학, 보스턴의 MIT, 샌디에고의 캘리포니아 대학 등은 이러한 노력과 성과가 앞서 있는 대학들입니다.

이러한 흐름과 함께 대학의 산학협동 활동에도 기업가정신이 적용되어야 한다는 논의가 생겼고, 대학 여건에 맞는 기업가정신의 특성과 유형에 대한 관심과 연구 활동도 늘어났습니다. 즉 대학기업가정신에 대한 요구가 증가하고 있습니다. 그렇지만 아직 대학기반의 기업가정신에 대한 연구는 부족한 편이고 여러 형태의 기업가적 활동(산학협동연구, 기술이전이나 라이센싱, 특허, 창업보육센터, 과학기술단지, 창업교육, 지식 · 기술교육 및 자문, 기업창업 · 지원, 연구기반시설 확보, 지역사회 · 경제에의 기여 등)이나 관련 모델에 대한 분석도 다소 미흡합니다. 특히 대학의 역할이 미국이나 유럽에 비해 미흡했던 아시아 대학들의 기업가정신의 새로운 모델에 대한 연구도 필요합니다.

우리나라와 같이 산업발전의 역사가 비교적 짧고 후발국의 추격형 단계에서 선진국의 선도형 단계로 도약하려는 국가에서는 산학협동의 역할이 매우 중요합니다. [그림 3-1]에서 제시된 바와 같이, 우리나라의 기술혁신과정은 선진국과는 달리 '혁신의 선형모형'을 거꾸로 거쳐 왔으며, 기업들도 개발단계와 응용연구

그림 3-1 혁신과 산학협동의 선형모형

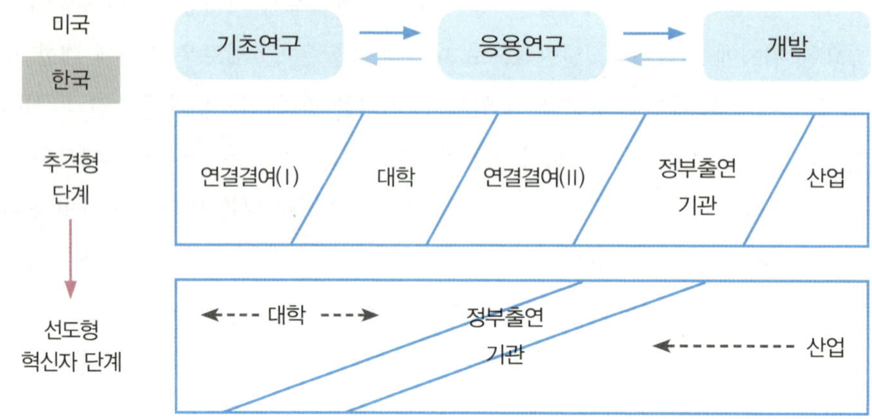

단계를 거치면서 이제는 기초연구에 대해서도 필요성을 느끼고 있습니다. 따라서 과거에는 대학과 산업계가 공통 관심사도 부족하고 연구역량도 부족하여 산학협동이 현실적으로 효과를 보기 어려웠지만, 이제는 대학도 개발 · 사업화에 관심이 커졌고 기술 역량도 증가하여 산업계와의 공통관심 영역에 대한 협력이 쉬워졌으며, 이러한 상황은 대학기업가정신의 활성화에도 좋은 기회로 작용하고 있습니다. 한편 임무 지향적인 정부출연연구소(governmentsponsored research institute ; GRI)는 변화된 과학기술 · 산업 환경에 맞추어 역할을 변화시켜야 하는 과제를 안고 있습니다(Bae and Park, 2008).

대학기업가정신의 필요성이 대두됨에따라 여러 학자들은 이를 연구하기 시작했습니다. "대학이 주체가 되어, 창업 · 산학협동연구 · 특허 · 라이센싱 · 창업지원 · 지역경제발전 · 교육혁신 등 대내외적 혁신활 · 동을 통해 새로운 기회를 창출하고 학교 위상 강화와 수익창출에 기여하려는 사고방식과 행동양식"으로 정의했습니다. 이 정의는 ① 기업가적 주체가 대학임을 명시하고, ② 기업가적 활동의 핵심 대상인 7개 영역을 제시하고 있으며, ③ 기회에 초점을 맞춘 목표지향적인 활동임을 강조하고 있으며, ④ 사고방식을 바탕으로 행동이 수반되는 활동임을 강조하고 있습니다.

결국 각 부문에서의 대학기업가정신을 통해 학교 전체에 기업가적 문화가 조성되었을 때, 그 대학이 기업가적 대학이 됩니다. 대학은 제반 연계 프로그램을 독자적으로 또는 협력하여 기업가적 접근을 통해 수행함으로써, 새로운 지식 · 기술 · 인력을 창출하고, 특허 · 권리 · 명성을 유지하고, 기술 · 지식 · 서비스를 이전하고 지원함으로써 대학기업가정신을 더욱 발전시킬 수 있습니다.

앞으로 대학기업가정신에 관해서는 기술창업과정에서 대학의 역할은 무엇이고 해결해야 할 과제는 무엇인지, 우리나라에서 대학의 기업가정신을 촉진하고 기술사업화를 활성화하는데 있어서의 핵심 성공 요인은 무엇인지, 기술창업을 촉진하기 위해서는 어떠한 정부정책과 실행 메커니즘이 필요한지 후속 연구가 필요합니다.

세부적으로는 대학기업가정신에 대한 주요 연구주제들을 정리해 보면 다음과 같습니다.

첫째, 대학이 보유한 기술의 사업화가 어떤 형태나 방식으로 어떻게 진행되는 것이 바람직한가 하는 것이다. 특허, 기술이선, 과학기술단지, 산학협동, 창업 등 여러 형태가 고려될 수 있습니다.

둘째, 대학기업가정신을 어떻게 촉진할 수 있느냐 하는 것이다. 싱가포르의 난양이공대학(NUT)은 정부의 강력한 주도로 기업가정신을 고취했다면, 싱가포르국립대학(NUS)은 대학 자체의 주도로 기업가적 대학을 비전으로 삼고 발전하고 있습니다.

셋째, 대학의 파트너로서 민간기업의 역량에 관한 것이다. 민간기업의 흡수능력은 기술이전 혹은 사업화 성공의 핵심 요소입니다. 민간기업의 역량을 어떻게 평가하며, 파트너를 어떻게 선정하며, 산학 간의 관계는 어떻게 형성되고 관리되어야 하는지, 또한 민간기업의 역량을 강화하는 방안이나 산학협동의 구체적인 방식이 어떠해야 하는지에 대한 연구가 필요합니다.

넷째, 대학기업가정신이 발휘되도록 하는 제도적 장치를 만드는 것도 주요한 연구주제입니다. 대학이나 기업의 쌍방에서 역량이 부족할 때 이를 보강하는 제도 등을 설계하는 것도 방안입니다. 대학의 연구 결과를 사업화하기 위해 교수가 직접 창업자가 되는 방안 대신, 대리창업자를 활용하는 방안이나 중간개발조직의 설치, 민간기업의 흡수능력이 부족할 때 이를 지원하는 방식 등에 관한 심층적 연구도 필요합니다.

다섯째, 국가간 · 지역간 · 대학간의 대학기업가정신의 유사점과 차이점에 대해 비교연구도 의미가 있습니다.

여섯째, 대학의 미션과 유형에 따라 각각 어떤 형태의 기업가정신이 필요하며, 산학협동 형태에도 차이가 있어야 하는 지에 대한 상황적 연구도 필요합니다. 국가적 현안에 대해 대기업과 주로 협력해야 할 대학도 있고, 지역적으로 특화된 현안을 대상으로 중소기업과의 협력이 많은 대학도 있을 것입니다.

일곱째, 대학기업가정신을 촉진하기 위한 정부 정책에 관한 것이다. 예를 들면 미국의 배이돌법(Bayh Dole Act)의 취지를 우리나라 상황에 맞게 잘 정착시키는 방안 등이 모색될 수 있을 것입니다.

사회적 기업가정신

기업가정신의 원리, 관점, 접근방법은 영리를 목적으로 하는 일반기업에서뿐만 아니라 제반 비영리조직이나 사회적 기업, 정부 사업, 사회활동에도 적용됩니다. Austin et al.(2006)이 제시한 사회적 기업가정신의 정의를 수정하여 사회적 기업가정신을 "비영리기관이나 기업, 정부부문에서 현재 보유하고 있는 자원이나 능력에 구애받지 않고 기회에 도전하여 사회적 가치를 창출하고 유지하고자 하는 사고방식과 행동양식"으로 정의하고 있습니다. 즉 사회적 기업가는 비영리활동의 영역에서 경제적 가치 대신 사회적 가치를 추구하지만, 사업을 비즈니스 관점에서 바라봅니다. 사회적 기업가는 수익을 남기는 것이 궁극적 목적은 아니지만, 조직의 재무적 안정성을 높이기 위해 수익 활동을 반드시 포함합니다.

정부나 개인, 비영리단체에서 취약 계층에 대해 지원을 할 때, 기업가정신에 의해 접근하면 더 투자효과를 높이는 방식으로 할 수 있습니다. 우선 기부활동에서도, 기부금을 도움이 필요한 영역에 직접 지원하는 전통적 기부 모델보다는 이제는 자본의 레버리지 효과를 활용하는 기부 · 지원방식이 필요할 수 있습니다. 실리콘밸리에서 선 마이크로시스템을 창업했고, 클라이너 퍼킨스 등에서 활동하는 벤처투자가인 빈노드코스라(Vinod Khosal)는 "세상의 문제를 풀기에 자금이 충분치 않더라도 레버리지 효과를 활용하게 되면, 정해진 자금으로 더 많은 문제를 해결할 기회가 있다"라고 강조하면서, 케냐의 양수기 제조업체인 아프로텍(Aprotech)의 사례를 소개합니다. 케냐의 물 부족 문제를 해결하기 위해 제한된 자금을 농민들에게 직접 조금씩 나눠주는 것보다는 아프로텍과 같은 양수기 회사를 통해 수동식의 지기 양수기를 만들어 농민들에게 공급하면 농민들의 수확량도 많아지고, 양수기 회사도 공동작업장을 만들어 생산과 유통을 하는 과정에서 일자리를 창출할 수 있습니다. 이처럼 지원 · 기부 활동에서도 기업가적 접근방식과 과정이 도입되면, 사회적 가치를 창출하게 됩니다.

최근 사회적 기업은 사회서비스 전달체계의 시너지효과를 높일 수 있는 대안적인 해결책으로 많은 관심을 끌고 있습니다. 고전적 복지국가 개념이 쇠퇴하면서, 공공사회 서비스의 민간화가 이루어지고 있고, 사회복지 서비스가 아직 도입기에 있는 우리나라에서는 사회적 기업의 중요성이 더 커지고 있습니다. 사회적 기업의 대표적인 사례로, 사회적 약자들에게 소액을 대출해주는 마이크로 크레딧 회사인 방글라데시의 그라민 은행이나 우리나라의 신나는 조합, 그리고 창업지원으로 도시빈민 퇴치 활동을 하는 사회연대은행 등이 있습니다.

사회적 기업의 실무 전문가인 Alter(2004)는 사회적 기업을 전통적인 비영리기관과 전통적인 영리기업 사이에 있는 하이브리드 조직의 하나로 보고, 관련 조직들을 비교해서 [그림 3-2]와 같이 설명합니다. 즉 스펙트럼의 우측으로 갈수록 ① 사회공헌활동을 하는 기업, ② 사회적 책임을 수행하는 기업, ③ 영리 목적의 전통적 기업 방향으로 나아간다는 것입니다. 우측의 기업들은 경제적 가치 창출을 목표로 하고 시장 중심으로 활동하면서 사회적 책임경영을 고려한다. 스펙트럼의 좌측으로 갈수록 ① 사회적 기업, ② 수입창출활동의 비영리기관, ③ 전통적인 비

그림 3-2 하이브리드 조직에 의한 두 가지 가치 창조

사회적 지속가능성 ← 하이브리드 스펙트럼 → 경제적 지속가능성

전통적 비영리기관	수입창출활동 비영리기관	사회적 기업	사회적 공헌활동 기업	사회적 책임수행 기업	전통적 영리기업

사회적 가치 창조	목적	경제적 가치 창조
사회적 영향력(선의)	모티브	이익 창출(자체 관심)
미션 주도	방법	시장 주도
주주	책임	주주
미션활동에 재투자	수입 / 이익	주주에 재분배
경제적 생존력	제한사항	기업의 사회적 책임
상업적 전략 사용	전략	선행에 의한 올바른 실행

출처 : Alter(2004)

영리기관 방향으로 갑니다. 좌측의 기업들은 사회적 가치 창출을 목표로 하고 미션 중심으로 활동하지만, 재정자립기반을 갖추기 위한 노력이 필요합니다.

일반적으로 사회적 기업가들은 새로운 아이디어를 가지고 남과 다른 방법을 찾으려고 노력하는데, 특히 사회적 이슈에 있어 혁신적인 접근 방법으로 문제해결을 시도하고, 도움을 원하는 사회적 그룹들이 스스로 자립할 수 있는 길을 찾아줍니다. 다만 문제를 해결하는 데 있어 수익창출만을 목표로 하지 않습니다. 사회적 기업가에게는 무엇보다 순수성, 열정, 명석함, 책임감, 핵심가치, 좋은 서비스 · 상품, 건실한 사업계획, 의지, 훌륭한 팀, 업무수행에 필요한 자원, 순발력이 필요하다고 합니다.

한편 Austin et al.(2006)은 일반기업에 적용될 수 있는 상업적 기업가정신과 사회적 기업 등에서 활용될 수 있는 사회적 기업가정신을 비교하여 그 특성을 [표 3-6]과 같이 설명하고 있습니다. 특히 여기서는 두 가지 형태의 기업가

표 3-6 상업적 기업가정신과 사회적 기업가정신의 차이점

	상업적 기업가정신	사회적 기업가정신
	(a) 차별 요소	
시장 실패 요인	상업적 시장 압력은 공공재나 계약 실패에서처럼 사회적 요구와 상응하지 못한다.	사회적 시장 실패는 사회적 기업가정신에 대한 창업 기회를 다르게 만들 수 있다.
미션	사적인 이득을 가져오는 수익활동을 창출하는 것	공공재에 대한 사회적 가치 창출
자원 활성화	영리조직은 시장 기반의 보상으로 인해 인적 · 재무석 사원을 갖는다.	비영리조직은 상업적 시장에 접근하는데 보다 많은 제약에 직면한다.
성과 측정	성과측정은 재무적 지표와 같이 비교적 유형적이고 계량 가능하다(경제적 보상).	많은 이해관계자가 관여되지만 이런 관계를 관리하는 데는 보다 큰 복잡성을 갖게 된다(사회적 보상).
	(b) PCDO 차이	
인력과 자원	• 기업가들의 산업에 대한 지식과 네트워킹에 대한 능력은 그들에게 투자하는 사람들의 신뢰를 획득하는데 중요하다. • 상업적 기업가들은 인재를 채용하고 유지하기에 필요한 재무적 자원과 인센티브를 갖고 있다.	• 기업가들의 산업에 대한 지식과 네트워킹에 대한 능력은 그들에게 투자하는 사람들의 신뢰를 획득하는데 중요하다. • 사회적 기업가들은 주요 인재들에게 시장 수준의 임금을 줄 수 없다.
환경	• 거시경제, 세금, 규제 및 사회적 환경 • 성과 결과가 안 좋으면 영리추구 기업가들은 자주 교체된다.	• 거시경제, 세금, 규제 및 사회적 환경 • 경제적 침체기 동안에 사회적 요구는 강화되어서 새로운 사회적 기업가들이 나올 수 있다.
거래	상업적 기업인들은 그들의 활동에 자본을 사용하는 재량권을 갖는다.	사회적기업 투자자들은 일반적으로 비교적 짧은 기간을 제시한다(지출제약과 함께).
기회	상업적 기업가정신은 돌파구나 새로운 아이디어에 집중하는 경향과 함께 기회는 대규모 또는 성장하는 시장규모를 갖게 한다.	사회적 기업가정신은 혁신적인 방법을 통해 기본적이고 장기석 요구에 보다 효율적으로 기여하는 데 집중한다.(빠른 성장보다는 사회적 미션에 치중)

출처: Austin, Stevenson, and Wei-Skillern(2006)

정신간의 유사점과 차이점을 Sahlman(1996)이 제시한 PCDO(People, Context, Deal, Opportunity) 분석 틀을 바탕으로 체계적으로 설명하고 있습니다.

상업적 시장에서 사회적 요구를 충족시키지 못하면, 즉 시장이 실패하면 이것이 사회적 기업에게 기회로 작용합니다. 비영리기관이나 사회적 기업에서는 투자자나 인력들에게 충분한 보상을 해주기 어렵기 때문에 자원 확보 및 운영에 있어서 영리기업보다 불리하고 이해관계자가 영리기업보다 더 많기 때문에, 이해관계자들의 관리 및 관계 설정이 더 복잡합니다. 그런데도 사회적 기업가정신이 적용되면 이러한 여러 제약조건을 극복하고 더 혁신적으로 사회적 가치를 창출할 수 있습니다.

사회적 기업가정신의 접근방법은 정부 정책 수립 및 집행과정에서도 도입될 수 있습니다. 특히 정부의 중소기업 및 농업 부문의 지원 사업에 사회적 기업가정신의 방식이 도입되면, 더 많은 사회적 기업가의 활동 영역이 생기고 제반 투자 · 지원활동이 더 큰 시너지효과를 창출할 수 있습니다.

4. 사례로 살펴보는 창업_사회적 기업가정신

회사명	두루바른사회적협동조합법인
창업일	2012
대표자	정주형 이사장
사업아이템	언어재활치료, 언어재활을 위한 간접서비스 개발 (교재, 교구, IT기반 콘텐츠)
실적	• 2014 사회적기업가육성사업 • 2015 H-온드림 수상, We-star 우리은행 지원사업 선정 • 2016 함께일하는재단 육성자금, 동그라미재단 로컬챌린지선정 춘천센터 오픈 • 2019 강원도 사회적경제 선도기업 선정
주요사항	2018 난독아동을 위한 한글 교재 국내 최초 개발

원주에 위치한 언어재활치료 기관인 두루바른사회적협동조합(이하 두루바른)의 아침은 늘 활기차고 즐겁습니다. 언어재활이라는 좋은 취지의 일을 한다고 해도 직장은 직장이고, 일은 일인데 이런 활기는 어디서 오는 것일까. 두루바른은 원장이 있고 치료사를 고용하는 일반 재활치료기관과는 달리 원장과 치료사 모두 두루바른의 취지에 공감해 함께 설립해 꾸려가는 사회적 협동조합입니다. 두루바른은 2014년 사회적기업가육성사업 4기로 활동한 이래 재활치료 전문가의 고용 안정을 추구하며 사례회의 · 교육훈련 · 연구개발 등으로 서비스의 질을 높이기 위해 노력하고 있습니다. 양구 · 화천 · 홍천 등 다른 지역으로의 파견사업으로 지역 간 공급 불평등을 막는 노력도 펼치고 있습니다. 2016년 사회적기업으로

인증을 받고, 설립 당시 12명이던 직원도 2019 현재 21명으로 늘었습니다. 그 결과 2019년에는 '강원도 사회적경제 선도기업'으로 선정되기도 합니다.

재활치료사들의 불안정한 고용환경

정주형 대표는 한림대학교 언어병리학과 01학번입니다. 우리나라에서 언어재활치료를 학부에서 가르치는 곳은 한림대, 대구대 등에 불과해 취업이 잘 되는 편입니다. 물론 서울이나 수도권으로 취직하는 경우도 많습니다. 정 대표 역시 졸업 후 원주세브란스기독병원에 취업해 3년 근무한 것을 비롯해 5년간 언어재활 치료사로 일을 했습니다. 하지만 정 대표는 일하는 동안 치료사들에 대한 비정규직 고용 형태에서 오는 구조적인 문제를 많이 느끼고 주변에서도 이로 인해 힘들어하는 동료 치료사들을 많이 발견합니다. '의사나 복지사가 만든 기관은, 치료사에게 안정적인 고용환경을 제공하지 않는 기관은 재활치료에 제대로 된 사회서비스를 제공하기 힘들겠구나'하는 확신이 들면서 창업을 본격적으로 고민하기 시작했습니다.

정 대표는 기업 형태를 취하되, 이익을 남기지 않고 다시 사회에 재투자하고 환원하는 구조를 만든다면 가장 바람직하리라 판단했습니다. 그리고 고용주와 피고용인이 수직적인 관계로 존재하기보다는 합의로 이뤄지는 수평적인 관계가 조직 내에서도 정착돼야 한다고 믿었습니다. 그래서 비영리 사회적 협동조합에 눈을 돌렸다. 당시 사회적 협동조합에 대한 사회적 공감대가 확산되고 법 제도 등이 정비되면서 여건이 좋아진 것도 한몫하고 동시에 취지에 공감한 언어재활사, 미술심리치료사 12명이 2014년에 의기투합했습니다.

"대부분의 치료사가 사설 재활센터에 취업하게 되는데 취업은 잘되지만, 처우는 열악하죠. 일용직 프리랜서, 비정규 계약직, 외주 고용자 등 고용 안정성이 극도로 낮고요. 돈을 벌기 위해 하루에 15번의 치료 및 상담하는 치료사도 있습니다. 녹초가 된 치료사가 환자를 잘 치료한다는 건 어려운 일이죠. 이런 구조를 바꿔보고 싶었어요. '지역 출신들이 같이 만들어 스스로를 고용하고 지역에서 활동한다'라는 게 설립 취지였습니다."

산학협력을 통한 신규서비스 개발과 수익모델 다각화

지역 출신의 치료사들을 더 많이 고용하고 그들이 더 나은 환경에서 일할 수 있도록 하기 위해서는 영리기업 못지않은 수익 다각화에 노력을 기울여야 합니다. 초등학교 기준 국내 난독 아동의 비율은 약 12%에 달하는데 이들을 위한 치료 수단은 아직 미비한 수준입니다. 이런 문제를 해결하기 위해 두루바른은 산학협력을 통해 난독아동교재를 개발하였고 도서 판매 및 난독치료 캠프 프로그램 운영을 통해 수익모델을 다양하게 구축하고 있습니다.

Q 사회적기업은 무엇인가요?

A 취약계층에게 사회서비스 또는 일자리를 제공하여 지역주민의 삶의 질을 높이는 등의 사회적목적을 추구하면서 재화 및 서비스의 생산 · 판매 등 영업활동을 수행하는 기업을 말합니다(사회적기업육성법 제2조 제1호). 영리기업이 이윤 추구를 목적으로 하는데 반해, 사회적기업은 사회서비스의 제공 및 취약계층의 일자리 창출을 목적으로 하는 점에서 영리기업과 큰 차이가 있습니다.
유럽, 미국 등 선진국에서는 1970년대부터 활동하기 시작하였으며, 영국에는 55,000여 개의 사회적 기업이 다양한 분야에서 활동 중입니다. 국내에서는 2007년 7월부터 노동부가 주관하여 시행되고 있습니다.

Q 산학협력은 무엇인가요?

A 기업과 교육 기관(주로 대학)이 교육 및 연구 활동에서의 제휴, 협동, 원조를 통하여 기술 교육과 생산성의 향상을 기하는 방식을 의미합니다.

생각 나누기

1. 여러분이 존경하는 기업가(entrepreneur)는 누구인가요? 창업의 동기는 무엇이었고, 창업성공 요인은 무엇이었는지 이야기 해봅시다.

2. 해당 인물을 존경하는 이유는 무엇이고, 다른 기업가와 차별적인 특징은 무엇이라 생각하나요?

3. 당신의 세 가지 강력한 특성은 무엇인가요? 가까운 멘토, 선배, 교수님과 대화하고 내가 생각한 나의 강점과 다른사람이 바라본 나의 강점을 비교해 보고 기업가정신의 특성 관점에서 나의 특성을 분석해 봅시다.

누구에게 질문하였는가	무슨 질문을 하였는가	무엇을 알게 되었는가

CHAPTER

04

창업의 개념과 기회의 발견

1. 창업의 개념을 이해하고 창업의 3요소를 이해합니다.
2. 아이디어를 얻는 방법을 알 수 있습니다.
3. 아이디어를 어떻게 기회로 만드는지 알 수 있습니다.

#창업의 정의
#생산요소
#창업의 3요소
#아이디어 발굴
#기회포착
#브레인스토밍

1. 창업의 개념

창업(創業)은 새로운 사업을 개시하는 것으로, 개인이나 집단이 사업 아이디어를 가지고 사업 목표를 세워, 적절한 사업 기회에 자본, 인원, 설비, 원자재 등 경영자원을 확보하여 제품 또는 서비스를 제공하는 기업을 설립하는 것을 의미합니다. 창업의 목표는 크게 3가지로 볼 수 있습니다.

첫째로 개인적인 부(富)의 창출입니다. 창업을 통해 경제적인 수익을 창출하는 것은 개인적으로 소중할 뿐만 아니라 사회적으로도 유용합니다.

둘째, 일자리 창출입니다. 기업 활동을 통해 창출된 일자리는 개인에게 생활수단을 제공함과 동시에 국가적으로 경제활동 인구를 늘리고 실업 문제를 해결하는 근본적 방안이 됩니다.

마지막으로 과학과 기술 발달의 촉진입니다. 창업 기업은 이윤을 창출하기 위해 자원을 활용하여 새로운 재화를 생산하는데 이 과정에서 혁신적인 기술이 끊임없이 개발되기 때문입니다.

이와 같이 창업 활동이 경제성장에 크게 기여한다는 근본적인 논리는 슘페터(Schumpeter)의 '창조적 파괴' 에서도 찾을 수 있습니다. 앞서 2장에서 살펴보았듯이 창업기업은 불확실하지만 수익성이 높은 새로운 사업기회에 도전하며, 생산성이 낮은 기존 기업을 대체함으로써 경제를 성장시키는데 기여하기 때문입니다. 이러한 점에서 창업 활동은 노동, 자본, 기술에 이어 네 번째 생산요소로 간주하기도 합니다.

최근 우리나라 국민도 창업에 대한 관심이 고조되어 가고 있습니다. 실제로 2018년 실시된 대한민국 창업 인식 실태조사는 성인 10명 중 5명이 창업에 관심이 있음을 나타냈으며 무려 63.9%의 사람들이 창업할 의향이 있음을 밝혔습니다. 창업 이유로는 더 큰 경제적 수입을 위하여, 자유롭게 일할 수 있기 때문에, 적성에 맞는 일이기 때문이라고 대답했습니다.

그림 4-1 창업에 대한 인식조사

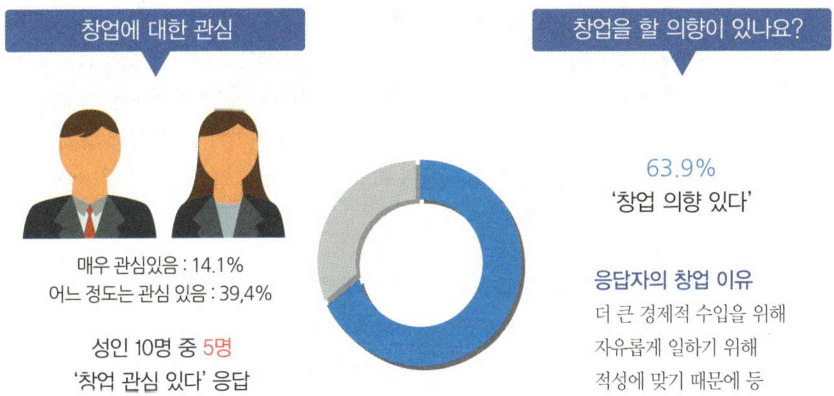

2. 창업의 필수요소

창업의 3요소는 창업자, 아이템, 자금입니다.

창업자	아이디어와 자금을 가지고 기업을 설립하려는 사람을 의미하며 창업에서 매우 중요한 요소입니다. 창업자는 기업가정신을 가지고 창업팀을 구성함으로써 사업을 시작할 준비를 하게 됩니다. 또한 창업자는 기업의 설립은 물론 경영의 주체로서 경영목표, 기업이미지, 기업성장 등에 영향을 미치기 때문에 창업자의 능력, 가치관 등은 창업기업의 성패와 효율에 매우 중요한 요소입니다.
아이템	사업 아이템은 창업을 하게 되는 결정적인 요소입니다. 이 아이템은 제품이거나 서비스일 수도 있으며, 그 외에 발명품, 기존상품, 국내에 소개되는 외국 상품 등도 아이디어의 생산품이 될 수 있습니다. 창업은 어떤 아이디어로 시작하는지가 관건이 되는데, 성공하기 위해서는 선별한 업종에서 선도적이어야 하며, 아이디어의 제품 및 서비스의 탁월성 또는 차별성을 가지고 적정한 수익을 창출할 수 있어야 합니다. 또한 창업이 이루어지도록 하려면 아이템을 사업기회로 발전시키는 노력이 있어야 합니다. 일반적으로 검토되어야 할 항목들에는 사업 타당성 분석(시장성, 수익성, 기술성, 성장성), 인/허가 요건 등이 있습니다.
자금	창업 아이디어를 실현하는데 필요한 설비, 원자재, 인력 등을 동원하는데 요구되는 자원을 의미합니다. 창업자본을 제공하는 사람은 자신이거나 투자가 등 여러 사람이나 기관인데, 창업자는 창업 과정에서 소요되는 창업자금과 창업 후의 운전자금을 어떻게 운용하며, 어떤 자금원천으로부터 조달할 것인지, 장기적으로 안정된 자금수혈을 하기 위해 어떻게 할 것인지를 전략적으로 구상해야 합니다.

한편, 창업 초기에 필요한 창업자금 공급회사들로부터 자금을 지원받기 위해서는 까다로운 심사 과정을 거쳐야 합니다. 그러나 최근에는 정부와 민간기업들이 다양한 창업지원사업 및 교육을 제공하고 있으며 오늘날의 창업환경은 과거에 비해 매우 좋아졌다고 할 수 있습니다. 따라서 창업자가 창업의 3요소를 정확히 인지하고 활용할 수 있다면 창업의 성공 가능성을 월등히 높일 수 있게 됩니다.

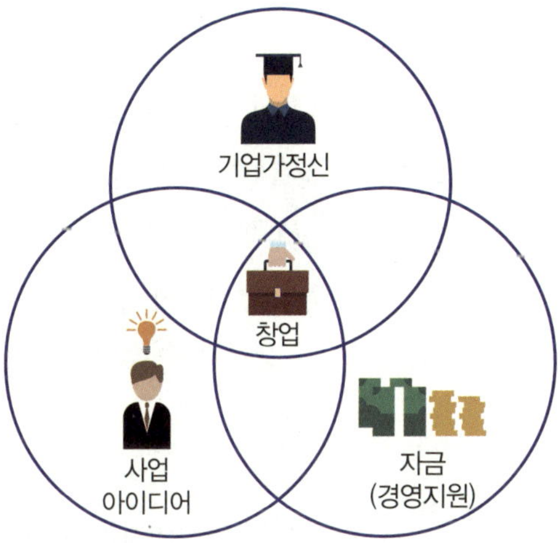

3. 창업 아이디어의 원천

아이디어는 어디서?

창업에 필요한 특정 아이디어는 자신의 경험으로부터 나옵니다. 창업자는 자신의 경험을 통해 해당 산업 분야에 눈을 뜨고 새로운 사업에 대한 기회를 찾아봅니다. 학생인 경우 업무 경험이 부족해 새로운 사업 아이디어를 떠올릴만한 지식이나 경험기반이 약한 경우가 많지만, 1단원에서 살펴본 드라이버 창업 사례처럼 학생들도 언제든지 사업 아이디어를 생각할 수 있으며 좋은 아이디어를 찾아낼 수 있습니다.

창업을 한다는 것은 많은 시간과 에너지가 들어가는 일이며, 그 일에 대한 열정이 없다면 꾸준히 노력을 기울일 수 없습니다. 따라서 창업은 내가 열정을 쏟을 수 있는 분야를 찾는 데서 시작해야 합니다. 창업 아이디어를 찾기 위해서는 가장 먼저 자신이 재미를 느끼는 모든 것에 생각해 볼 필요가 있습니다. 단순한 취미를 사업으로 연결한 창업자도 있으며, 다른 창업자가 구상했던 아이디어에서 역발상한 사업 아이템으로 성공한 창업자도 있습니다. 열정을 쏟을 수 있는 분야를 찾은 다음에는 해당 분야에 대해 관심과 경험을 쌓아야 합니다. 예를 들어, 관심 있는 분야 고객의 트렌드, 욕구를 파악하고, 더 나은 방법으로 제품을 개선하거나 서비스를 제공할 수 있는 방법에 대해 고민 해보고, 분석 해보고, 틈틈이 메모해 보는 것입니다. 이러한 경험들은 이후 창업을 시도해야 할 때 훌륭한 자산이 될 것입니다.

사 례 취미가 창업으로_레고아티스트가 된 변호사

미국 뉴욕에서 억대 연봉을 받으며 잘 나가던 40대 변호사 네이선 사야와는 회사에 사표를 던졌습니다. 그가 밝힌 퇴직 사유는 '레고블럭으로 놀기 위해'였습니다. 레고는 그의 유년 시절부터의 취미였는데요, 그는 레고를 가지고 자신만의 방식으로 뭐든지 만들 수 있다는 사실을 깨닫고 어른이 되어서도 레고 놀이를 멈추지 않았습니다. 인터넷에 자신의 레고 작품을 알릴 수 있는 웹 사이트를 개설했습니다.

그런데 이 웹사이트에서 네이선 사와야가 만든 레고 조립을 본 방문객들이 자신들이 원하는 대상을 레고로 만들어 달라고 주문하기 시작했습니다. 그는 밤을 새워 레고를 조립하기 시작했습니다. 어떤 때는 주문이 폭주해 사이트가 다운되기도 했는데요. 이렇게 되자 그는 레고 전문가로 나서기 위해 2004년 과감하게 사표를 던졌습니다. 그로부터 3년 뒤 2007년, 그는 레고 블록을 이용한 첫 전시회를 열었고, 폭발적인 인기를 얻었습니다. 취미를 사업화 한 그의 아이템을 확인해봅시다!

(출처: https://youtu.be/KA-aGYKj2HA)

칼 베스퍼 교수(Karl H, Vesper)는 좋은 사업 아이디어는 의도적으로 열심히 찾는 경우보다 무심코 발견하는 경우가 더 많다고 말했습니다. 그는 사업 아이디어를 얻게 되는 경우를 7개 유형으로 나누어 설명했습니다. 하나씩 살펴볼까요?

표 4-1 칼 베스퍼의 7가지 사업 아이디어 유형

구분	설명
기대치 않았던 초대	사업아이디어는 초대성 제안이나 부탁 형식으로 발생
전직 또는 이직	사업아이디어는 예비창업자가 있던 직장의 업무와 관련해서 얻음
권리획득	아이디어 개발권자로부터 권리를 취득하거나 창안자와 협력관계
자기 고용	사업을 시작함과 연이어 다른 사업의 기회와 만남
취미	취미로 시작하게 된 것이 사업으로 이어짐
사회에서 만난 사람들	사회활동을 통해 만난 사람들로부터 아이디어 획득
단순한 행인의 관찰	주변 상황을 관찰해 획득함

LET'S DO IT! 예비창업 안내

예비창업자는 사업 아이디어 발견을 위해 단순히 사색을 즐기는 것 보다는 주변을 잘 관찰하고 새로운 사람들을 만나는 등 적극적인 네트워킹이 필요합니다. 우리나라에도 고벤처캠퍼스, 스파크포럼과 같은 창업에 관심 있는 사람들이 모이는 모임이 많습니다. 대학생에서부터 중년까지 다양한 연령대와 서로다른 배경을 가진 (예비)창업자들의 열정을 느낄 수 있습니다. 부끄러워하지 말고 가봅시다. 혼자 오는 사람들도 많습니다!

1. 고벤처 포럼 & 고벤처 캠퍼스 www.goventureforum.com
2. 청년창업네트워크 PRISM prismnetwork.kr
3. 스파크포럼 www.sparkforum.com

아이디어 찾는 방법

창의적인 아이디어를 만들어 내는 데도 여러 가지 방법이 있습니다. 사칙연산, 브레인스토밍, PMI(Plus, Minus, Interest), 트리즈 기법(Triz, Theory of solving inventive problem), 마인드맵 등이 그 예입니다.

사칙연산 프레임워크는 핵심 가치를 찾아내고 새로운 사실을 발견하는 과정은 나눗셈, 혁신은 덧셈, 불필요한 기존 관행은 뺄셈 그리고 다른 차원을 융합하는 일은 곱셈하는 과정을 통해 새로운 아이디어를 도출하는 방법입니다.

그림 4-2 사칙연산 프레임워크

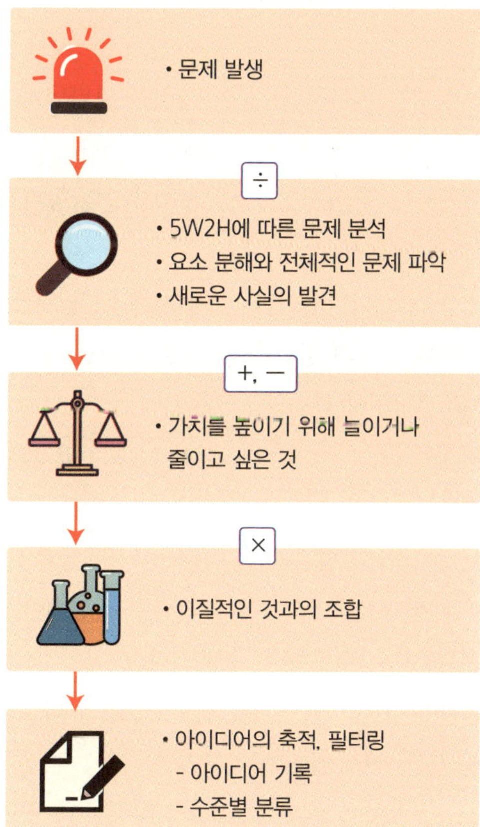

사칙연산 프레임워크 적용을 위해서는 5W2H에 의해 문제를 분석해야 합니다. 5W2H란 일반적으로 알고있는 육하원칙 5W1H에 How much가 추가된 기법입니다. 5W2H를 통해 우리가 평소에 간과하고 놓칠 수 있는 상황을 정확하고 빠짐없이 쉽게 구상할 수 있으므로 기업의 문제해결이나 개선방안을 찾고자 할 때, 목표설정, 보고서 및 기획서 작성할 때도 많이 사용하는 기법입니다.

이 기법에서는 Why가 가장 중요합니다. 현재 대면하고 있는 문제가 어떠한 목적으로 움직이고 있는지 본래의 목표에서 벗어나지는 않았는지 확인 해 볼 수 있습니다. What은 목적과 대상, 성과물을 나타냅니다.

사업의 시작 단계에서 어떤 제품(서비스)을 판매할 것인지에 대한 내용으로 무엇에 사용되는지, 어떤 기능이 있는지를 점검합니다.

WHO는 주최자, 실행자, 대상자와 같이 사람을 나타냅니다. 누구를 위한 것인지, 누가 실행하는지, 누가 누구에게 실행해주는 것인지, 어떤 사람인지와 같은 질문은 우리가 제공하는 제품(서비스)에 대한 대상의 동기를 파악해 구체적인 계획을 수립하도록 도와줍니다.

Where는 장소와 공간을 나타냅니다. 제품(서비스)과 대상에 따라 영향을 받을 수 있으며 오프라인의 장소와 공간은 주 대상의 성별, 유입경로, 유동성과 유통경로에 적합한 곳을 선정해야 합니다.

When은 시간과 타이밍을 나타냅니다. 대상자 또는 고객의 이동시간, 유입시간에 따라 조정이 이루어집니다.

How에 해당하는 수단과 방법은 제품(서비스)의 품질과 가격을 결정하는 중요한 요소 중 하나로 대상과 장소, 제품을 고려하여 설정해야 합니다. 이때, 창의적인 아이디어를 접목해 보는 것도 좋은 방법입니다.

How much는 예산을 나타내는 단계로 위의 6요소를 검토해 최종적으로 설정되며 예산에는 인력, 시간, 시설 자원 등이 포함됩니다.

5W2H 요소

브레인스토밍은 어떤 문제의 해결책을 찾기 위해 여러 사람이 생각나는 대로 마구 아이디어를 쏟아내는 방법입니다. 브레인스토밍을 할 때 꼭 지켜야 할 것은 이치에 맞지 않는 엉뚱한 아이디어라도 두려움 없이 내놓아야 한다는 점입니다. 우리는 어떤 주제에 관해 토론을 할 때, 나의 의견이 상대방에게 어떻게 받아들여질까 늘 의식하며 생활합니다. 그래서 하고 싶은 말이 있어도 주저하거나 망설이게 됩니다.

브레인스토밍에서는 질보다 양이 중요하다.

브레인스토밍은 이런 토론의 방식과 매우 다릅니다. 브레인스토밍에서는 엉뚱한 주장, 비논리적인 답변, 타당하지 않은 해결책 모두를 환영합니다. 그저 생각나는 대로 아이디어를 내놓는 것이 브레인스토밍입니다. 브레인스토밍은 가능한 한 많은 양의 아이디어를 모아 그 속에서 해결책을 찾는 방법입니다. 그래서 질보다 양이 더 중요합니다. 사실 창의성이나 아이디어는 남들이 쉽게 생각하지 못하는 생각에서 나오므로, 엉뚱하고 모순적인 아이디어 속에 의외로 쓸 만한 해결책이 숨어 있기도 합니다.

LET'S DO IT! 5W2H와 사칙연산 프레임워크

사우스웨스트 항공(영어: Southwest Airlines)은 미국의 저비용 항공사이며, 본사는 텍사스 주 댈러스에 있습니다. 오로지 보잉 737만을 운용하며 기내 서비스를 최소화한 대표적인 저가 항공사입니다. 그럼에도 불구하고 미국내에서 가장 신뢰받는 항공사 중 하나이며 여객 운송 기준으로 세계 3위입니다.

이 회사가 제공하는 서비스들을 사칙연산 프레임워크를 적용하여 분석해 봅시다.

구분	덧셈 +	뺄셈 −
Why	근거리 이동에 대한 만족도를 높인다	비즈니스맨의 이동노력과 비용을 줄인다
Where		
When		
Who		
What		
How		
How much		

LET'S DO IT! 팀 단위로 아이디어를 발상해 봅시다.
(브레인스토밍 & 브레인라이팅 실습)

6-5-3법

6명의 참가자로 시행합니다. 5분안에 종이에 아이디어를 기입하고 5분 뒤 옆에 있는 참가자에게 종이를 돌립니다. 참가자는 아이디어를 3개씩 생각합니다.

조별로 브레인스토밍과 라이팅을 통해 아이디어를 창출한다.

- 제시된 아이디어가 많을수록 좋다
- 개인별 아이디어 개수 기록
- 과제를 하면서 발견된 친구 칭찬(모든 인원 의무)

과제 발표

- 채택된 아이디어 발표(아이디어 제출자)
- 최고 아이디어 선정

4. 사례로 살펴보는 창업_기회의 포착

회사명	㈜마이리얼트립
창업일	2012
대표자	이동건 (고려대 경영학과 재학 중 창업)
사업아이템	• 유통업과 오픈마켓을 여행에 적용한 자유여행 플랫폼 • 전세계 700여개 도시 현지투어, 액티비티 2만5천여 상품 제공
실적	월 매출 220억(2019)
주요사항	• 293억 투자 유치(2019) • 예비유니콘기업 선정(2019, 중소벤처기업부) • 대한민국 모바일 대표 서비스 'K–앱스타' 선정(2017, 중소벤처기업부)

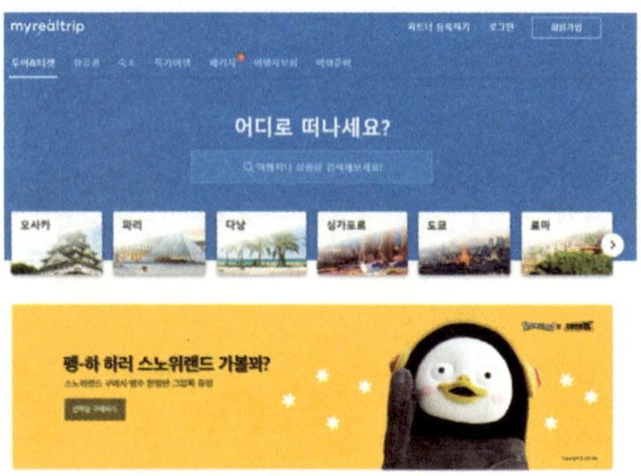

마이리얼트립은 패키지여행에서 자유여행 중심으로 시장이 재편되며 가파른 성장세를 타고 있는 스타트업입니다. 마이리얼트립의 2019 현재 누적 투자금은 약 300억 원에 달합니다.

여행상품을 취급하지만, 이 회사는 여행사라기보다는 직원 110여 명 중 35명이 개발자이며 IT 인력을 기반으로 운영되는 테크기업에 가깝습니다. 마이리얼트립은 현재 80개국 600여 개 도시에서 현지가이드, 액티비티, 입장권, 교통패스, 숙박, 렌터카 등 1만 7천 개 이상의 상품을 판매하고 있다. 2018년도부터 시작한 항공권 예약 서비스와 숙박 서비스도 매출에 기여하며, 2019년에는 200억 원을 돌파했습니다. 전년 대비 4배 가까이 성장한 수치입니다.

기회의 포착 1_사회에서 만난 사람들로부터 아이디어 획득

지금이야 지명도가 있는 기업이지만 마이리얼트립도 시작은 미약했습니다. 강연자로 온 엔젤투자지에게 명함을 달라는 용기가 창업으로 이어진 독특한 경우입니다.

"대학교 4학년 때 레전드 창업자인 권도균, 이택경 대표가 학교에 강연자로 왔다. 2시간 강연 후 살펴보니 100여 명의 학생 중 아무도 명함을 달라는 사람이 없더라. 용기를 내서 명함 요청을 하고 내 소개를 했다. 그런데 권도균 대표가 언제, 어디서 보자고 메일을 보내주더라. 놀랐다. 이 유명한 사람이 나를 위해 시간을 내준 거다… (중략)…사석에서 만난 권도균 대표가 창업 아이템이 뭐냐고 물었다. 없다고 하니 5초간 빤히 바라보다 자신이 '될 것 같다고 생각한 아이디어'를 이야기해줬다. 그게 마이리얼트립 아이템이다."
(출처: 2019. 인터뷰)

기회의 포착 2_소비자의 니즈에 맞춘 상품개발

자유여행의 핵심은 취향에 맞는 상품입니다. 여행자들은 자신에게 맞는 상품을 찾기 위해 마이리얼트립 플랫폼으로 찾아옵니다. 일례로, 마이리얼트립에 파리 관련 상품만 600개에 달합니다. 여행하는 사람들의 다양한 요구사항에 맞게 상품을 준비하다보니 맛집투어, 미술작품관광투어 등 상품이 많아졌습니다.

2018년에 마이리얼트립 플랫폼에 있는 상품만 18,000개가 넘습니다. 이 수치는 여행 커머스 중 제일 큰 곳이 2,700개, 선두 여행기업이 1,345개 정도인 것에 비하면 10배 가까이 많은 셈이지요.

여행은 고관여 산업이고, 소비자의 평가가 깐깐한 편임에도 불구하고 마이리얼트립은 구글플레이 평점 4.7점, 18440개의 리뷰가 있습니다. 더 중요한 실 여행자들이 리뷰는 현재 40만 901개가 쓰여졌으며, 여행플랫폼 중 가장 많은 여행후기가 있는 셈입니다.

Q 유니콘 기업? 예비유니콘 기업?

A 유니콘 기업(Unicorn)은 기업 가치가 10억 달러(=1조원) 이상인 비상장 스타트업 기업을 말한다. 원래 유니콘이란 뿔이 하나 달린 말처럼 생긴 전설상의 동물을 말한다. 스타트업 기업이 성장하기도 전에 기업 가치가 1조원 이상이 되는 것은 마치 유니콘처럼 상상 속에서나 존재할 수 있다는 의미로 사용되었다. 2013년 벤처 투자자인 에일린 리(Aileen Lee)가 처음 사용한 용어이다. 유니콘 기업에는 미국의 우버, 에어비앤비, 핀터레스트, 중국의 샤오미, 디디추싱, DJI, 한국의 쿠팡, 우아한형제들(배달의민족), 비바리퍼블리카(토스), 야놀자, 위메프, 지피클럽, 무신사, 에이프로젠 등이 있다.

생각 나누기

1. 나의 뇌구조를 그려봅시다.
   - 내가 요즘 가장 많이 하는 생각을 떠오르는 순서대로 작성합니다.
   - 한 가지 생각의 비중이 크거나 작으면 몇 개의 영역을 합치거나 쪼개어 생각합니다.
   - 사소하지만 자꾸 신경 쓰이는 것들은 점을 찍어 화살표로 표시해 봅니다.
   - 각 생각의 비중을 100%를 기준으로 정리해 봅니다.
   - 친구들과 바꾸어 살펴보고 이야기해 봅시다.

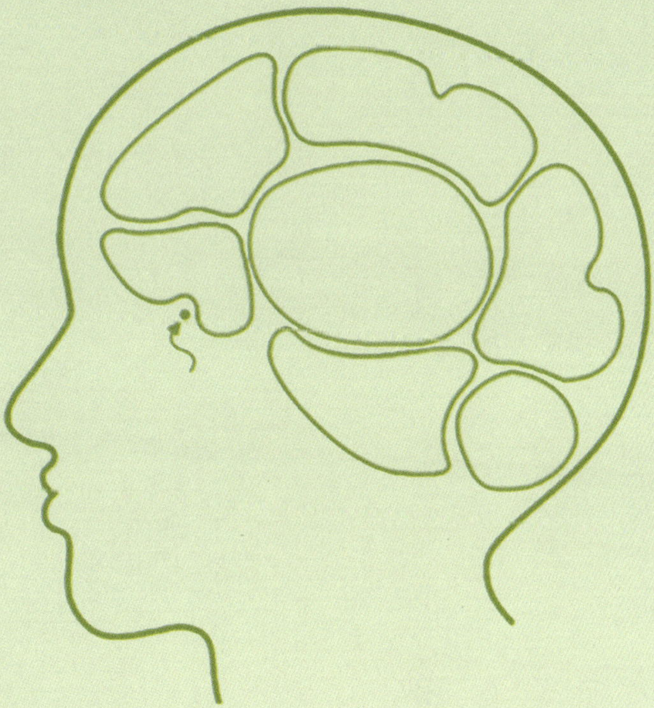

CHAPTER

05

비즈니스 모델의 이해

1. 비즈니스모델의 중요성과 정의를 이해한다.
2. 비즈니스 모델의 구성요소를 이해한다.
3. 린 스타트업의 개념을 이해한다.
4. 린 캔버스의 구성요소를 이해한다.

#비즈니스 모델
#고객가치 제안
#수익메카니즘
#모방불가능성
#선순환 구조
#린 스타트업
#mvp
#린 캔버스

1. 창업 과정

창업 과정은 창업의 3요소(창업자, 창업 아이디어, 자금)가 결합되어 창업이 이루어지는 절차입니다. 창업이 준비되고 실제로 현실화되는 과정은 창업의 동기, 형태, 규모 등에 따라 다르게 나타날 수 있습니다. 그럼에도 일반적인 절차를 정리해 볼 수 있는데, 창업의 목표를 설정하고 창업환경을 분석한 후 아이디어를 탐색하여 이에 대한 타당성 분석을 통해 긍정적이면 결과적으로 사업의 계획을 수립하여 추진하게 됩니다.

창업 과정에서 첫 번째 단계는 창업의 목표 설정입니다. 창업자들은 이 단계에서 사업을 하는 이유와 어떻게 사회에 기여할 것인지에 대한 자신들만의 답을 도출해야 합니다. 이 과정은 창업의 방향을 수립하고 목표 설정의 지표화, 구체화, 목표를 달성하기 위해 필요한 자원을 확보하는 계획을 세우는 데 도움을 줍니다. 예를 들어, 3장에서 살펴본 두루바른사회적협동조합의 경우 언어치료사와 같은 사회복지 서비스 제공자들이 고용이 불안정한 문제를 인식하고 사업의 이유를 양질의 사회서비스 제공과 치료사들에 대한 정규직 고용을 사업의 목표로 삼았습니다. 이를 통해 매년 2명 이상의 정규직 고용이라는 지표를 달성하고, 협동조합 형태의 법인을 선택하여 조합원 형태의 고용 안정성을 확보하는 구체적인 방안을 수립했습니다.

창업 과정 두 번째는 환경에 대한 분석입니다. 4차 산업혁명을 대면한 오늘날은 급속한 변화로 미래의 경제 상황을 예측하기 어렵기 때문에 현재 상황만 고려한다면 창업을 결심하기가 쉽지 않습니다. 하지만 현재의 불확실성을 심층적으로 분석해보면, 그 자체가 좋은 사업 기회인 업종을 발굴할 수도 있습니다. 예를

그림 5-1 창업과정도

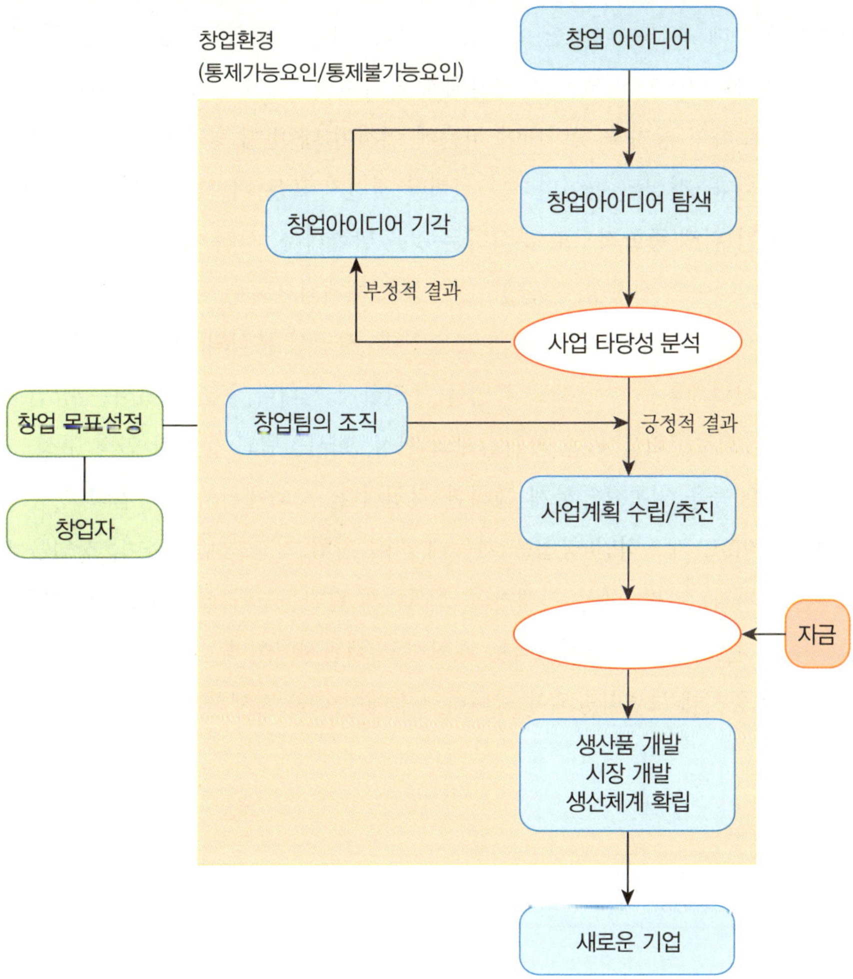

들어, 2장에서 살펴본 원티드의 경우 일자리는 줄어들고 시장이 위축되는 것 같아 보이지만 오히려 고용시장에서 숙련도가 높은 인재에 대한 기업의 수요가 많다는 점을 찾아냈습니다. 여기에 스마트폰을 이용한 지인 추천기능과 머신러닝 기술을 잘 융합하여 좋은 비즈니스 모델을 만든 것입니다.

창업 과정 세 번째는 아이디어의 탐색입니다. 창업 방향이 설정되면 창업자는 창업 아이디어를 탐색하고 선정합니다. 3장에서 배운 내용대로 브레인스토밍, PMI 등을 통해 우리는 다양한 아이디어를 도출하고 찾아볼 수 있습니다. 하지만 모든 창업아이디어가 사업으로 연결되지 않습니다. 아이디어가 사업화될 수 있는지를 검토하여 방법을 찾아내야 하는데 이것이 네 번째 단계 아이디어의 타당성 분석입니다. 선별된 아이디어를 선택할 것인지 혹은 기각할 것인지 최종적으로 결정하기 위해 종합적으로 분석하는 것을 말합니다. 사업 타당성 분석은 구체적으로 아이디어의 시장성, 기술성, 경제성을 체계적으로 분석합니다.

다섯 번째는 사업계획의 수립과 추진인데, 사업성 분석의 결과가 긍정적이면 구체적인 사업계획을 수립하고 사업을 추진하게 됩니다. 사업계획서는 창업 방법의 확정, 회사설립을 위한 기업형태의 결정, 회사설립과 등록의 인적 구성, 자금조달계획 등을 일목요연하게 정리한 것입니다. 사업계획서는 창업의 성공 가능성을 높이고, 계획적인 창업을 가능케 하여 창업 기간을 단축하며, 창업을 도와주는 출자자, 기관, 예상 거래처와 고객에게 관심유도와 설득자료로서 활용도가 높습니다. 따라서 사업계획서는 정확하고 객관적이어야 하며, 전문성과 독창성을 갖춘 동시에 보편타당해야 합니다. 6장에서 더욱 자세하게 다룹니다.

2. 비즈니스 모델의 수립

앞서 언급한 바와 같이 창업 아이디어를 어렵게 발굴한다고 하더라도 아이디어만으로는 돈을 벌 수 없습니다. 수익을 창출하기 위해서는 창업 아이디어를 사업화할 수 있는지 검토하고 '방법'을 찾아내야 합니다. 이 과정을 비즈니스 모델(Business Model) 개발이라고 합니다. 비즈니스 모델의 의미와 필요성, 구성 요소 등을 살펴봅시다.

비즈니스 모델 용어의 탄생

1990년대 후반부터 인터넷과 정보기술의 발전을 배경으로 인터넷 닷컴 기업들이 출현하기 시작합니다. 제프 베조스는 1995년 온라인 인터넷 서점 아마존을 시작했으며, 1996년 스티브잡스는 애플에 복귀하여 애플의 운영자가 되었습니다. 리드 헤이스팅스와 마크랜돌프는 1997년에 넷플릭스를 설립했으며, 래리 페이지와 세르게이 브린은 캘리포니아주의 작은 차고에서 구글을 창업했습니다.

이들은 생산자 그룹과 이를 필요로 하는 소비사들을 온라인을 통해 시공간에 제약 없이 연결하여 수익을 창출하기 시작했는데, 이는 사업자가 제품 또는 서비스를 직접 제공하는 전통적인 기업들과는 근본적으로 수익 창출 방식이 다른 형태였습니다. 학자들은 인터넷 기업들의 비즈니스를 체계적으로 분류하기 시작하였고 이를 계기로 비즈니스 모델은 신제품이나 신기술 없이도 기존 자원을 새롭게 재구성하여 차별화된 사업 모델을 의미하는 개념으로 사용되었습니다.

아이팟과 아이폰을 통해 스마트폰의 시장을 창출한 애플의 사례에서처럼, 책, 도서, 비디오, 드라마와 같은 콘텐츠 온라인 구매시장을 확보한 아마존처럼 비즈니스 모델은 기업의 생존에 중요한 역할을 합니다. 비즈니스 모델을 통해 기존 기업은 경쟁우위를 확보하는 기회를 가지고, 창업을 계획하고 있는 스타트업 기업은 치열한 경쟁환경에서 생존할 기회를 찾을 수 있습니다.

비즈니스 모델 수립의 필요성을 집을 짓는 과정에 비유하면 이해가 쉬울 것입니다. 새로운 집을 지을 때, 건축가는 고객이 원하는 요구사항을 들은 뒤 기본 설계를 합니다. 기본 설계를 고객에게 보여준 뒤, 고객에게 피드백을 받고 수정·보완하여 최종안을 확정합니다. 최종안을 토대로 상세설계를 마친 후에 집을 짓게 됩니다. 그러나 만약 설계도 없이 집을 짓는다면 어떻게 될까요? 고객의 요구사항이 반영되지 않는 상황이 발생하는 것은 물론, 심각한 경우에는 붕괴로까지 이어질 수 있습니다. 즉, 비즈니스 모델은 집에 대한 기본 설계와 같은 역할을 합니다.

비즈니스 모델에 관해 연구한 정의를 결과를 종합하면 비즈니스 모델은 '사업 아이디어를 가지고, 어느 시점에서 누구에게 어떤 가치를 어떤 방법으로 전달하고 어떻게 수익을 창출할 것인지에 대한 전반적인 방향과 방법'이라고 할 수 있습니다.

Timmers 1998	비즈니스 모델은 다양한 사업 참여자와 그들의 역할을 포함하는 제품, 서비스, 정보 흐름의 구조이며, 다양한 참여자들의 잠재적인 이익과 수익 원천을 설명해 주는 청사진
Venkatraman & Henderson 1993	비즈니스 모델은 고객과의 상호작용, 자산 형태, 지식 수단 등의 세 측면에서 전략을 수립하기 위해 조정된 계획
Amit & Zott 2006	비즈니스 모델은 사업 기회의 가치 창출을 위해 설계한 거래 내용, 구조, 관리를 설명해 주는 것

Rappa 2000	수익을 창출하기 위해 사업을 영위하는 방식
Johnson et al. 2008	고객 가치제안, 수익 공식화, 핵심 자원, 핵심 프로세스의 4가지 구성 요소가 서로 맞물려 가치를 창출하고 전달하는 것
Teece 2010	기업이 고객에게 가치를 전달하기 위한 수익과 비용의 실행 가능한 구조와 고객의 가치제안을 지원하는 논리와 자료, 그리고 다른 증거들을 분명하게 표현하는 것

3. 비즈니스 모델 구성요소

시장에서 살아남는 비즈니스 모델은 어떤 특성을 갖고 있을까요? 비즈니스 모델은 차별화된 경쟁력을 갖고 있으면서도 지속가능해야 합니다. 두 가지 요소에 대해 살펴봅시다.

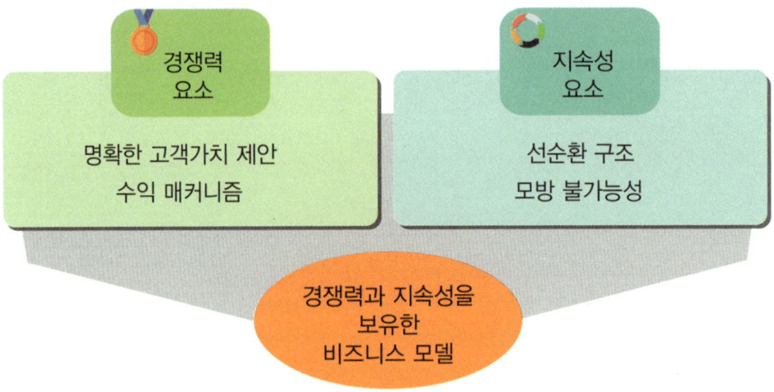

경쟁력 요소

경쟁력 요소는 고객에게 차별화된 명확한 가치 제안과 수익을 창출하는 매커니즘을 포함하고 있습니다. 명확한 가치제안은 제품이나 서비스 자체만을 말하는 것이 아니라, 고객의 관점에서 문제를 해결하고, 고객의 욕구를 충족시킬 수 있는 해결방안을 제공하는 것입니다. 수익 메커니즘은 기업이 비즈니스를 통해 여러 가지 수익을 낼 수 있는 방법을 말합니다. 기업은 이윤 하나만으로 성공적인 기업이 될 수 없으며, 투자 자본에 대한 다른 여러 투자 대안들보다 더 높은 수익을 내야만 성공적인 기업이 될 수 있습니다.

지속성 요소

명확한 가치를 제안하는 경쟁력 있는 요소라도 경쟁회사가 쉽게 모방 또는 추월할 수 있는 경우, 경쟁우위는 순식간에 사라지고 시장에서 도태될 수 있습니다. 따라서 경쟁력 요소를 얼마나 지속가능하게 유지할 수 있는가 하는 점은 중요합니다. 지속성을 달성하기 위해서는 선순환 구조와 모방 불가능성을 확보해야 합니다.

선순환구조(Virtuous Cycle)는 급변하는 시장과 고객가치에 기업이 적시에 대응할 수 있도록 기업 내외부 조직과 시스템을 효과적으로 설계하는 것을 말합니다. 고객에게 신속하게 제품을 공급하고, 낮은 가격에 구매할 수 있도록 기업 공급망을 분리 또는 통합하는 것도 좋은 예가 됩니다.

모방 불가능성은 다른 기업이 (나의) 비스니스 모델을 모방하는 것을 전략적으로 차단할 수 있는 방어전략을 의미합니다. 지적재산권을 통해 법적 보호를 받는 것이 대표적인 방법입니다.

News Briefing

경쟁력과 지속성을 보유한 비즈니스모델-루미르

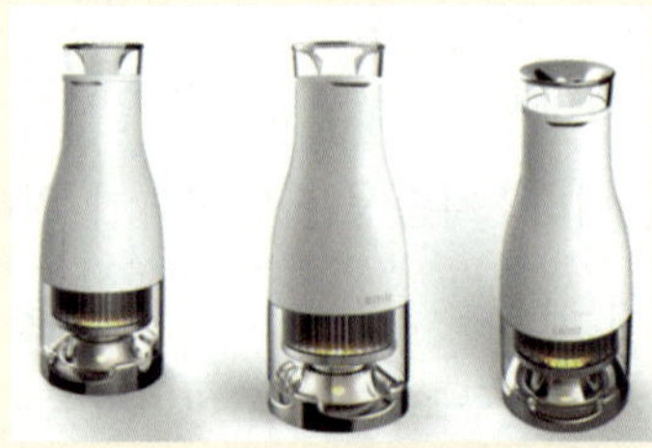

공대 3학년 재학중이었던 박제환 대표는 인도 여행 중에 어린아이들이 촛불에 의지해 공부하는 모습을 목격했습니다.

그는 공학도답게 안정적인 빛 보급이 가능한 아이디어를 떠올렸고 이를 구현하였습니다. 촛불의 열에너지를 LED로 전환하는 적정기술을 활용하여 전기가 없는 곳에서도 충분한 빛을 공급하는 제품 '루미르'를 개발했습니다. 그러나 원가를 최대한 낮추었음에도 불구, 대다수의 개도국 주민들에게는 여전히 비싼 가격이었습니다. 그렇다고 원가보다 낮은 가격으로 공급하게 되면 기업은 지속이 불가능하기에, 박제환대표는 고민끝에 "Two-track" 수익 메카니즘을 구축합니다.

테라스나 정원, 야외 캠핑에서 사용하기 좋은 루미르C는 선진국 시장에서 판매하고 그 수익으로 개도국 실정에 맞는 새로운 에너지 램프를 개발하는 것이었습니다. 결과는 대성공! 한달간 1억6천만원의 매출을 올렸습니다. 여기에 힘입어 루미르 S, 루미르 B등 디자인 조명 라인업을 확장해 나가면서 명확한 고객가치와 수익매커니즘을 구축해 나가고 있습니다.

(중소벤처기업부 2018. 9. 11 발췌)

4. 비즈니스 모델을 평가하는 방법

린 스타트업(Lean Startup)의 개념은 창업 실패 기업의 사례에서 출발하였습니다. 린 스타트업 개념을 개발한 에릭 리스(Eric Ries)는 2004년 3D 아바타를 이용한 메신저 채팅 서비스로 창업하였으나 쓰디쓴 실패를 맛보았습니다. 그는 첫 창업에 실패한 후 '어떻게 하면 낭비를 줄이고 고객이 원하는 제품을 빨리 개발할 수 있을까' 고민과 연구를 거듭했습니다. 연구 끝에 에릭은 자신의 멘토였던 스탠포드 대학의 스티브 블랭그(Stcvc Balnk)교수와 함께 자신의 실패경험과 고객개발론(Customer Development) 등을 접목하여 린 스타트업의 개념을 확립하였습니다. 린 스타트업의 개념은 고객지향적 개발과 불필요한 절차와 비용을 최소화(Lean)하자는 취지에서 정립되었습니다.

블랭크 교수는 스타트업은 완성된 기업이라기보다는 제품과 서비스가 수요를 만족시킬 만큼의 완성도가 있는지를 탐색하는 임시조직으로 정의하고 있습니다. '탐색'이란 비즈니스 모델을 검증하는 과정을 의미합니다. 즉, 창업기업은 고객의 요구가 무엇인지 정확하게 파악하고 고객과의 접촉을 가급적 빠른 시기에 많이 함으로써 비즈니스 모델의 타당성을 조기에 검증할 필요가 있습니다. 또한, 검증 결과를 새로운 제품과 시비스 개발에 적극 반영하는 것이 성공의 비결입니다.

그렇다면 낭비를 줄이고 비즈니스 모델의 타당성을 조기에 검증하는 구체적인 방법(수단)은 무엇이 있을까요?

(출처: 에릭리스, 이창수 · 송우일 옮김, 린스타트업 (인사이트, 2012))

가장 널리 쓰이는 평가방법으로는 린스타트업을 들 수 있습니다. 린 스타트업은 낭비를 최소화하는데 중점을 두고 있습니다. 처음부터 완벽한 제품을 만들기보다 '최소요건제품(Minimum Viable Product: MVP)'을 만들 것을 제안하고 있습니다. MVP는 고객과의 대화를 통해 학습이 가능한 최소의 기능을 최소의 기능을 최소의 노력을 들여 만든 제품을 의미합니다. 이 제품을 통해 고객의 반응을 얻은 뒤 빨리 보완하는 것입니다.

제조 → 측정 → 학습의 피드백 순환을 만든 뒤 과정을 빠르게 반복하면서 제품을 개선하는 것입니다. 생각은 크게, 시작은 작게 하는 것이 포인트입니다.

다음 장에서는 린스타트업을 좀 더 구체적으로 실전에서 활용할 수 있는 방법인 린캔버스를 알아봅니다.

5. 린 캔버스

린 캔버스 모델은 한 장으로 요약하는 비즈니스 모델입니다. 주요 사업 요소들에 대한 정의를 한 눈에 볼 수 있도록 만들어진 그래픽 템플릿이며, 9가지 구성요소를 채워가는 과정에서 스타트업들은 비즈니스 모델을 검증할 수 있습니다. 린 캔버스는 알렉산더 오스터왈더가 창안한 비즈니스 모델 캔버스에 린 스타트업의 개념을 도입하여 창업기업이 비즈니스 모델의 타당성을 조기에 검증할 수 있도록 변형된 비즈니스 모델링 도구입니다. 일반적으로 비즈니스 모델 캔버스를 배운 후에 린 캔버스를 학습하지만, 본 과정에서는 창업기업에 초점이 맞추어진 린 캔버스를 맞춤형 자동차 관리 스타트업 '카닥'의 사례와 함께 배우기로 합니다.

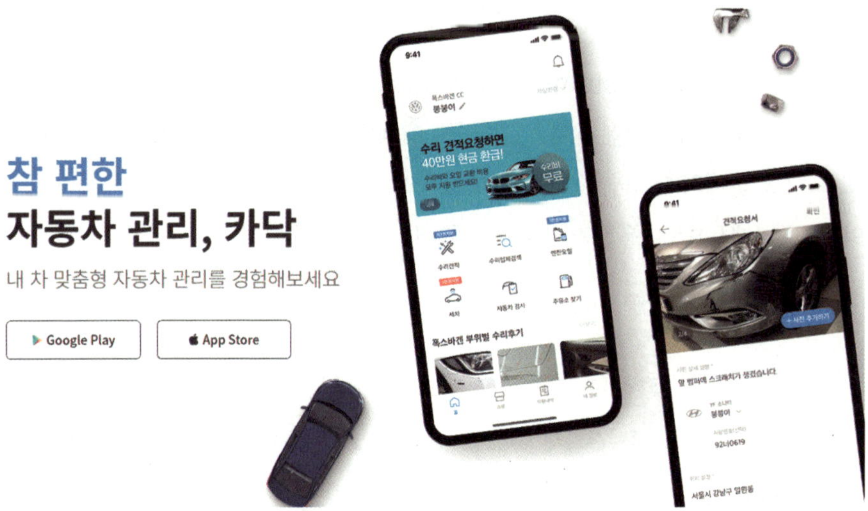

(출처: https://corp.cardoc.co.kr/)

카닥은 자동차 운전자들이 더 간편하게 고민 없이 차 수리를 할 수 없을까?라는 아이디어로 시작한 스타트업입니다. 카닥은 합리적 가격의 믿을 만한 수리 서비스를 찾기 위한 소비자의 시간과 노력을 줄여주는 서비스를 제공하여 출시 3개월 만에 누적 거래액 10억 원을 돌파했습니다.

린 캔버스는 비즈니스 모델을 설명하는 데 꼭 필요한 9가지 구성요소를 제시하고 있습니다. 그 정의와 실제 사례를 차근차근 살펴봅시다.

① 해결하려는 문제 (Problem)

가장 먼저 고민해야 하는 부분입니다. 고객들이 해결해 주길 바라는 문제점을 Top 3를 나열합니다. 문제에 대한 정의는 최대한 간결한 것이 좋습니다. 또한 이 칸의 하단부에는 기존의 대안을 함께 기재합니다.

카닥이 해결하고자 하는 문제	[소비자] 신뢰할 수 있는 수리점 찾기가 어려움 [공급자] 새로운 수리 고객 영업이 어려움 [소비자] 공정한 가격의 수리업체를 찾기 위해 과다한 시간과 비용이 필요
기존 대안	[소비자] SNS 게시판 또는 쪽지를 이용한 견적 요청 [공급자] SNS, 카페 등 커뮤니티를 통한 업체 마케팅

② 고객 세분화 (Customer Segments)

사용자와 고객을 구분하여 '고객군'에 채워 넣습니다. 문제점들을 의식하여 목표 고객을 구체화합니다. 특히, 이 단계에서 목표 고객은 주류 고객이 아닌 우리의 서비스(제품)를 이용할 얼리어답터(Early Adapter)를 대상으로 합니다.

카닥의 고객 세분화	[소비자] 100만 원 미만의 수리비가 소요되는 자동차 수리를 하려는 자동차 소유자 (수입차의 경우 200만 원) [공급자] 판금/도장 시설을 가진 영세 사업자
카닥의 Early adopter	[소비자] 수입차 오너 중 자동차 동호회에 가입했지만 필요할 때만 정보를 취하는 '눈팅족' [공급자] 판금도장부스를 가지고 있으나 온라인 홍보에 익숙지 않은 수리업체 사장님 또는 온라인에서 홍보활동을 하는 사장님

③ 고유의 가치제안 (Unique Value Proposition)

린 캔버스에서 가장 중요한 요소이며, 고객에게 어떤 가치를 전달할 것인지를 나타내는 요소입니다. 왜 우리의 제품 또는 서비스가 특별한지, 고객이 돈을 지급할 가치가 있는 것인지에 대해 작성합니다. 또한 이 단계에서는 우리의 사업을 통해 창출하고자 하는 새로운 트렌드를 설명하는 high-level concept을 기재해 봅니다.

카닥의 가치제안	[소비자] 저렴한 가격의 견적을 최소의 노력으로 빠르게 받을 수 있다. 믿을만한 수리점 찾을 수 있다.
High-Level Concept	외장수리 분야의 G마켓이 되자!

④ 해결방안 (Solution)

문제를 해결하기 위한 3가지 핵심적인 기능을 서술합니다. 그러나 창업 초기 또는 준비 단계에서는 아직 검증되지 않은 것들이 많기 때문에 ①에서 제안한 문제점들을 해결하기 위한 단순한 해법을 나열해 봅니다. 이 단계에서는 브레인 스토밍을 충분히 진행하는 것이 좋으며, 문제점을 최대한 검증한 후에 해결 방안을 확정해야 합니다.

카닥의 해결방안	[공급자] 업체등록/견적관리 서비스(PC/모바일) [소비자] 견적의뢰/비교서비스 (안드로이드 기반 앱) 신뢰할 수 있는 업체를 찾을 수 있도록 도와주는 업체 리뷰 시스템 (리뷰+시공사진)

⑤ 경쟁우위 (Unfair Advantage)

경쟁우위는 경쟁사가 쉽게 따라 하거나 돈으로 해결할 수 없는 요소를 의미합니다. 예를 들면 타사에 비해 전문화된 팀, 충성도 높은 고객 커뮤니티, 전문가의 진정성 등 기능적이고 서비스적인 측면 외에 압도적인 경쟁우위를 가질 수 있는 요소를 파악하는 것입니다.

카닥의 경쟁우위	업체평판 시스템 (사용자 리뷰 포함)– 리뷰 및 데이터 수집에 시간이 걸리기 때문에 단기적으로 달성하기 어려움

⑥ 수익원 (Revenue Streams)

제품이나 서비스의 판매 금액, 수수료, 광고 소득 등이 해당합니다.

카닥의 수익원	프리미엄 업소 입점, 베스트 시공사례(첫 화면) 노출 수수료, 브랜드별 베스트 시공사례 홍보 게시글 수수료

⑦ 비용구조 (Cost Structure)

제품을 시장에 내놓을 경우 발생하는 비용에 대해 예측합니다. 정확한 예측은 어렵겠지만 현재의 상황을 반영하여 작성합니다. 예를 들어 300명의 고객을 인터뷰하는 데 드는 비용, 최소요건제품(MVP)을 만들고 테스트하는 비용 등이 기재될 수 있습니다.

카닥의 비용구조	인건비 SNS, 블로그 마케터 지불 비용, 공급업체 대상 영업 비용 개발비(안드로이드 앱)

⑧ 핵심지표 (Key Metircs)

핵심지표는 새로운 제품과 서비스의 성공을 어떻게 정량적으로 측정할 수 있는지에 대한 정보를 제공합니다. 창업가는 핵심지표를 파악함으로써 신사업의 제품과 서비스의 경영목표를 명확히 할 수 있습니다. 이토록 중요한 핵심지표를 도출하는 관점은 5가지가 있습니다.

- **습득**(Acquisition) : 우연히 제품을 찾은 사용자에게 흥미를 불러일으키는 것
- **활성화**(Activation) : 흥미가 생긴 사용자에게 만족스러운 경험을 제공

- **유지**(Retention) : 제품이나 서비스를 다시 사용하거나, 사용하겠다고 자발적으로 참여하는 경우
- **수익**(Revenue) : 소비자가 직접 돈을 지불하고 구매하는 경우
- **추천**(Referral) : 제품이나 서비스에 만족한 고객이 다른 고객에게 소개해 새로운 습득이 일어나는 경우

카닥의 핵심지표	습득: 견적 의뢰 건수, 딜(deal) 완료 비용, 베스트 시공사례 조회 비율 활성화: 설치 대비 실행비율 추천: 구글플레이스토어 만족도 표시, 리뷰

⑨ 채널 (Channels)

많은 창업기업이 고객과 접촉할 수 있는 채널(접점)을 만들지 못해서 실패하곤 합니다. 창업기업은 잠재적인 고객들과 만날 수 있는 채널을 최대한 확보하고 일단 접촉하는 것이 좋습니다.

카닥의 채널	[공급자] 견적 대행 영업, 스타샵 대상의 대면/전화 영업 [소비자] 자동차 보험사(협상 필요), 바이럴 마케팅(자동차 동호회 카페, 블로그 등)

앞에서 살펴본 린 캔버스의 9가지 요소와 카닥 사례를 한 장으로 표현하면 다음 표와 같습니다.

해결하고자 하는 문제	해결방안	가치제안	경쟁우위	고객 세분화
[고객] 신뢰할 수 있는 수리점 찾기가 어려움 [공급자] 수리고객 영업대상의 한계 [고객] 믿을 만한 수리서비스를 찾기 위해서 과다한 시간과 노력이 필요함	[공급자] 업체등록/ 견적관리 서비스 (pc/모바일) [고객] 견적의뢰/ 비교서비스 (안드로이드 앱) [고객] 업체별 평판시스템(transaction log+사용자별 평가+시공사진)	[고객] 저렴한 가격의 견적을 최소한의 노력으로 빠르게 찾을 수 있습니다! [고객] 믿을만한 수리점을 찾을 수 있다!	업체 평판 시스템 (사용자 리뷰 포함)	[소비자] 100만원 미만의 수리비가 소요되는 자동차 수리를 하려는 자동차 소유자 [공급자] 판금/도장 시설을 가진 영세사업자
※기존 대안	핵심지표	※High-level concept	채널	※Early adopter
[공급자] 카페 등 SNS 커뮤니티 마케팅 [고객] 고치자 닷컴 (앱 서비스)	• 견적의뢰건수 • 딜(deal)완료 비율 • 베스트 시공사례 조회 비율 (설치대비) • 설치대비 실행 비율 • 구글플레이스토어 만족도	외장수리 분야의 G마켓이 되자!	[공급자] 견적대행 영업 [공급자] 스타샵 대상 대면/ 전화 영업 [고객] 자동차 보험사 [고객] 자동차 동호회 카페, 블로그 등	[소비자] 수입차 오너 중 자동차 동호회에 가입했지만 필요할 때만 정보를 취하는 '눈팅족' [공급자] 판금도장부스를 보유했으나, 온라인 홍보가 어려운 사장님

비용구조	수익구조
인건비 관리비 (임대료, 공과금) 개발비	프리미엄 입점 브랜드별 베스트 시공사례 featuring 베스트 시공사례(첫화면)노출

(출처: 나희경, 이희우, 2016)

6. 사례로 살펴보는 창업_IT와 헬스케어의 만남

회사명	㈜솔티드벤처
창업일	2015.9.8
대표자	조형진
사업아이템	• 디지털 헬스케어 솔루션 연구 개발, • 스마트 인솔(깔창)
실적	• 시리즈 A 투자 유치 • 스마트 헬스케어 솔루션, 스포츠 트레이닝 솔루션 개발 • CES 혁신상 수상, ICT 유망기업 선정(과학기술정보통신부)
주요시항	• 삼성전자 C-lab 사내벤처팀에서 분사 • 피트니스에서 균형감각을 요구하는 분야로 서비스 영역 획장 (솔티드 밸런스, 솔티트 골프, 솔티드 트레이닝, 솔티드 트레드밀)

전 세계 웨어러블 시장 규모는 지난 2011년 3천억 원 수준에서 2018년 1조6천억 원 수준으로 급격하게 증가추세입니다. 건강에 대한 소비자 관심이 높아지고, 또 혁신 기술 등장으로 다양한 상품이 출시되면서 시장 규모도 함께 커진 셈이며, 인공지능 등 4차산업 기술의 발달로 앞으로도 웨어러블 시장 규모는 한층 커질 것으로 예상됩니다.

일찌감치 이런 변화를 예측했던 조형진 솔티드벤처 대표는 사내 벤처프로그램을 통해 웨어러블 디바이스 시장에 출사표를 던졌습니다.

"솔티드벤처는 삼성전자 C-LAB으로 출발하게 됐고요, 사람의 움직임과 신체 발에 대한 웨어러블 디바이스를 연구하게 됐습니다. 그곳에서 저희는 스마트 인솔, 스마트 슈즈에 대한 가능성과 시장에 대한 미래를 확신하게 됐고 그 계기로 실제 창업까지 이어지게 됐습니다."

아이오핏이라는 스마트 깔창을 적용한 스마트 골프화를 출시하며 시장에서 본격적인 관심을 받기 시작했습니다. 자세와 신체 균형 정보를 제공하는 피트니스 장비는 가격이 수천만 원대로 비싸고 여러 기기가 필요했지만, 아이오핏은 신발 하나로 언제, 어디서든 고가 장비의 역할을 대신할 수 있기 때문이었습니다. 뿐만 아니라 전문 장비 대비 90% 이상 정확도를 확보한 센서 설계 기술을 자체 보유하게 됨으로써 스마트 슈즈에 특화된 안테나 설계 및 개발에 경쟁력을 확보했습니다. 더불어 신발에 탑재된 센서를 통해 무게 중심과 신체 밸런스 등을 측정할 수 있고 실시간 데이터 분석을 할 수 있어 일반 소비자뿐 아니라 전문가들에게도 유용한 정보를 제공하는 강점을 갖고 있습니다.

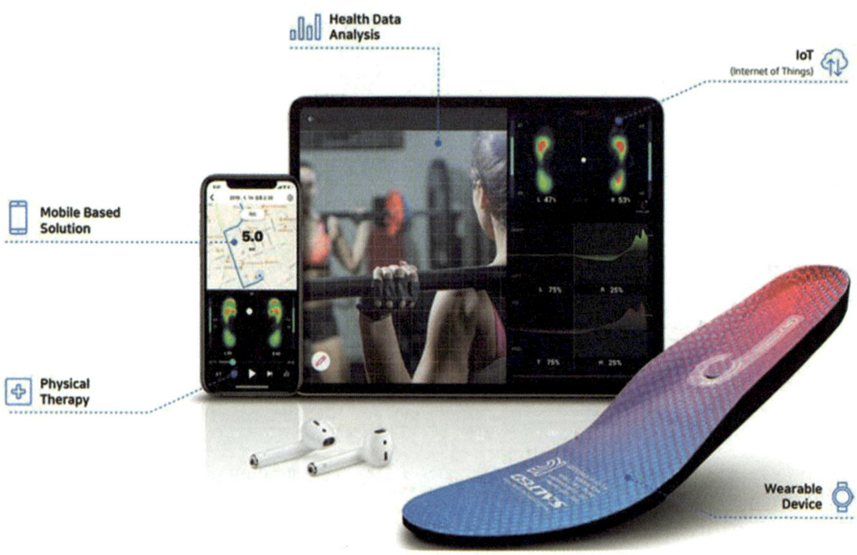

Q 웨어러블?

A 정보통신(IT) 기기를 사용자 손목, 팔, 머리 등 몸에 지니고 다닐 수 있는 기기로 만드는 기술입니다. 초소형 부품과 초박막형의 휘는(플렉서블) 디스플레이, 스마트 센서, 저전력 무선 통신, 모바일 운영 체제 등 IT 기술이 일상생활에서 사용되는 시계, 안경, 옷, 헬멧 등에 접목되어 사용자에게 언제 어디서나 컴퓨팅 환경을 제공한다.

Q O2O는 무엇을 의미하나요?

A O2O. 단어 그대로 온라인이 오프라인으로 옮겨온다는 뜻이다. 정보 유통 비용이 저렴한 온라인과 실제 소비가 일어나는 오프라인의 장점을 접목해 새로운 시장을 만들어 보자는 데서 나왔다. O2O는 사물인터넷의 철학과 동일하다. 사물인터넷은 단순히 사물들을 인터넷에 연결하는 것이 아니라, 현실 세계(physical world)와 가상세계(virtual world)를 연결하는 개념이다. 즉, 스마트폰이나 PC를 이용하여 가상세계의 램프를 클릭하면 현실 세계의 램프가 켜지거나 꺼지는 등의 반응을 보이는 개념이다. 아직까지 사물인터넷 서비스를 '구매'한다는 것이 일반적이지는 않지만, 앞으로의 사물인터넷 서비스는 O2O처럼 구매를 바탕으로 하는 서비스가 다수 등장할 것으로 예상한다. 사실, 구매 과정을 포함하든 그렇지 않든, 사물인터넷 서비스가 온라인과 오프라인이 마치 하나인 것처럼 결합하는 모습은 O2O의 그것과 같다고 할 수 있다.

생각 나누기

1. 현재 여러분이 생각하고 있는 창업 아이템을 린 캔버스를 활용해 정리해봅시다. 만일 창업 아이템이 아직 없다면 기존의 기업 중 하나를 선택해 작성합니다.

창업 아이템 ______________________________

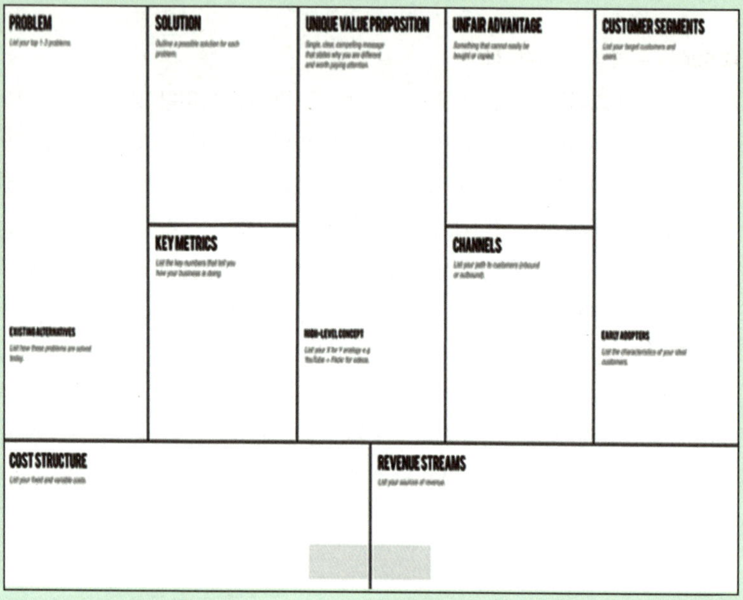

2. 린 캔버스를 적용한 다양한 스타트업의 사례를 찾아보고 성공요인은 무엇인지 토론해 봅시다.

CHAPTER

06

사업계획 수립

1. 비즈니스 모델과 사업계획서의 차이를 이해합니다.
2. 사업계획서의 구성요소와 PSST기반의 사업계획서 양식을 알아봅니다.
3. 사업계획서 작성법을 살펴봅니다

#사입계획시

#Problem

#Solution

#Scale-up

#Team

#팀구성

1. 비즈니스 모델과 사업계획서

창업 시 사업계획서를 작성하는 것은 실제로 시작하기 전에 계획사업의 전반적인 사항을 조명해 보는 중요한 과정이며, 해당 사항을 객관적이고 체계적으로 작성해 보는 중요한 절차입니다. 사업을 검토하는 데 타당성이 인정되는 경우에 한하여 작성하는 것으로서 사업의 내용, 경영방침, 기술문제, 시장성 및 판매전망, 수익성, 소요자금 조달 및 운영계획, 인력 충원 계획 등을 일목요연하게 정리한 일체의 서류로써, 창업자 자신을 위해서는 계획사업의 타당성 검토를 통해 사업 성공의 가능성을 높여주는 역할을 함과 동시에 계획적인 창업을 가능케 하여 창업기간을 단축하여 주고, 계획사업의 성취에도 긍정적인 영향을 미칩니다. 또한 창업에 도움을 줄 제3자, 즉 동업자, 출자자, 금융기관, 매입처, 매출처, 일반 고객에 이르기까지 투자의 관심 유도와 설득자료로 활용도가 매우 높습니다. 이런 이유로 사업계획서 작성은 정확하고 객관성이 유지되어야 하며, 전문성과 독창성을 갖춘 보편 · 타당한 사업계획서가 되어야 합니다.

첫째. 객관성 및 현실성 원칙으로 해야 합니다. 공공기관 및 전문기관 등의 증빙자료를 근거로, 그리고 실사에 의한 수요조사 및 회계 지식을 바탕으로 객관성 있게 작성해야 합니다.

둘째. 진실성이 담겨 있어야 하며, 사실과 의견을 구분하여 사실 중심으로 작성해야 합니다. 또한 제품 및 제품의 특징에 대해서는 가급적 전문적 용어의 사용을 피하고, 단순하고 상식적 수준의 내용으로 설명해야 합니다.

셋째. 계획 사업의 핵심 내용을 강조하여 경쟁 제품보다 소비자에게 높은 호응이 있으리라는 기대를 갖도록 작성되어야 합니다. 즉, 업종에 대한 차별화된 접근이 반드시 필요합니다.

넷째. 주요 일정별 실행계획과 과정, 측정 가능한 목표달성을 반드시 측정가능한 정량지표로 포함해야 합니다.

다섯째. 신뢰성 있는 자금 조달 및 운용계획을 구체적으로 표시하여야 합니다.

여섯째. 문제점과 향후 발생 가능한 위험 요소를 심층 분석하고 이에 대한 해결 방안을 제시해야 합니다.

사업계획서의 기본 구성

기본적인 배경설명	+	사업을 통해 달성하려는 목표	+	목표를 달성하기 위한 방법

Q 비즈니스모델과 사업계획서의 차이점은?

A 사업계획서는 가치를 창조하고 전파하여 어떻게 수익으로 변환하는지에 대해 '체계적으로 묘사'하는 데 방점을 둡니다. 돈을 버는 메커니즘을 기술(記述)하고, 고객이'내가 돈을 낸다'보다 '내가 이러한 가치를 얻는다'라는 논리를 만들어내는 과정입니다.

비즈니스 모델	사업계획서
• 사업계획서의 핵심 내용을 간략하게 표현 • 서류의 형태가 아니며 1쪽의 그림으로 도식화 • 지속적인 성장을 위해 향상, 변화, 발전해야함	• 100쪽 이하의 상세한 문서, 재무 예측자료, 시장분석, 사업화 계획 등을 상세하고 구체적으로 기술 • 내부 가치 공유용 • 금융기관에 대출 신청 시 • 각종 지원 사업에 지원금 신청 시

2.사업계획서의 양식 분석

사업계획서의 경우 정해진 양식은 없으나 본 교재에서는 중소벤처기업부에서 제시한 PSST 양식을 표준으로 설명합니다. 대학생 수준에서 꼭 창업을 준비하지 않더라도 공모전, 데모데이, 경연대회에서도 가장 빈번하게 만날 수 있는 양식이기 때문입니다.

과거의 정부지원사업에서의 사업계획서는 사업성을 최우선으로 생각했었으나, 이제는 정부지원사업에서도 민간 벤처캐피털이 판단하는 것처럼 창업자가 어떤 문제인식에서 사업을 진행하고 있는지 '문제인식'의 관점에서 평가를 진행하고 있습니다. PSST는 Problem, Solution, Scale up, Team의 약자로 창업기업들이 성장할 수 있는 아이템을 개발 및 개선할 수 있는 방법을 의미합니다.

Problem	창업기업이 아이템을 개발하는데 고객 기반, 경쟁자 기반 차별성 등의 차원에서 인지하고 해결요소가 무엇인지를 파악하는 단계입니다.
Solution	파악한 해결해야 할 요소들을 어떻게 해결할 것인지에 대한 방안을 도출하고 해결을 위한 자원과 프로세스를 작성하는 단계입니다.
Scale up	솔루션을 통해 만들게 된 사업아이템을 통해 예상되는 매출은 얼마인지를 추정하고 이를 실현하기 위해 필요한 소요자금 내역과 자금조달 방안에 대하여 작성하는 단계입니다.
Team	추정된 매출액을 달성하기 위해서 필요한 인력(팀원과 파트너 등)에 대한 실행계획을 수립하는 단계입니다.

PSST기반의 사업계획서는 1) 일반현황 2) 창업제품(서비스)개요 3)PSST 요소를 설명하는 본문의 총 3part로 구성되어 있습니다. 각 부분별로 어떠한 내용이 작성되어야 하는지 살펴봅니다.

일반현황

[일반 현황 부분]

※ 개인사업자는 '개업연월일', 법인사업자는 '회사성립연월일'을 기재 (최초 설립한 사업자 기준)

창업제품(서비스)명					
신청자 성명		생년월일	1900.00.00	성별	남 / 여
직업	창업기업대표	창업유무	기창업자(O년차)		
기업명	OOOO	사업장 소재지	OO도 OO시		
개업연월일 (회사성립연월일)	2000. 00. 00	사업자 구분	개인사업자 / 법인사업자 / 공동대표(개인, 법인)		

일반현황의 경우 창업자와 창업기업의 이름, 창업일 등과 같은 기본 정보를 작성합니다.

창업제품(서비스)명의 경우 창업자가 제공하고자 하는 제품(서비스)의 컨셉을 명확하게 표현해야 합니다. 나의 기업으로부터 고객에게 제공하는 혜택이 경쟁자와 차별화 할 수 있는 기능이나 성능의 근간이 되는 독특한 기술을 표현해야 합니다. 예를들어 “저 전력 태그 기반 양방향 상시 동작형 통신 기술의 자동 출결 시스템” 또는 “액상실리콘모듈 기술이 적용된 완전 방수 핸드폰 케이스”와 같이 기술과 제품이 잘 드러나도록 작성 할 수 있습니다.

Chapter 6

[서비스 개요(요약) 부분]

창업아이템 소개	· ※ 핵심기능, 소비자층, 사용처 등 주요 내용을 중심으로 간략히 기재	
창업아이템의 차별성	· ※ 창업아이템의 현재 개발단계를 포함하여 기재 예) 아이디어, 시제품 제작 중, 프로토타입 개발 완료 등	
국내외 목표시장	· ※ 국내 외 목표시장, 판매 전략 등을 간략히 기재	
이미지	※ 아이템의 특징을 나타낼 수 있는 참고 사진(이미지) 또는 설계도 삽입	※ 아이템의 특징을 나타낼 수 있는 참고 사진(이미지) 또는 설계도 삽입
	< 사진(이미지) 또는 설계도 제목 >	< 사진(이미지) 또는 설계도 제목 >

창업아이템 개요(요약) 이 부분에서는 서비스를 사용하는 사용자와 사용방법에 대해 설명하고 핵심 기능을 함께 설명합니다. 창업 아이템 소개 란에는 지원하는 제품(서비스)가 제공하는 핵심 기능(스펙, 제공서비스)등을 제시하고 이를 사용할 소비자 층(고객)과 사용방법 등에 대하여 작성합니다. 창업 아이템의 차별성의 경우 경쟁사 대비 제품(서비스)의 기능이나 성능의 차별성이 객관적으로 기술되어야 합니다. 구체적으로는 경쟁사와 경쟁제품명이 기재되거나, 경쟁제품에 비해 우리가 제공하는 기능이나 성능적인 측면이 고객에게 어떤 가치를 제공하는지를 기술합니다.

국내외 목표시장은 지원하는 서비스의 목표 시장 군에 대한 규모를 추정하여 작성하는데 이 경우 목표로 하는 시장의 성장성 및 동향까지 작성하는 것이 좋습니다. 초기 스타트업은 자원이 부족하기 때문에 과도하게 큰 시장이나, 글로벌 시장을 목표로 사업계획서를 작성하는 한계가 있습니다. 나의 창업 아이템으로 당장 수익을 얻을 수 있는 수익시장 (Serviceble Obtainable Market)을 기재하고 수익 시장을 점령함으로써 도달할 수 있는 유효시장(Serviceable Availabele Market)에 대해 간략히 기재하는 것이 좋습니다. 더 나아가서 상품이나 서비스가 진입하고자 하는 시장의 크기 (Total Addressable Market)까지 기재할 수 있다면 좀 더 좋은 내용이 됩니다.

문제 인식(Problem)

창업아이템의 개발 동기와 목적(필요성)은 매우 중요합니다. 앞서 살펴본 바와 같이 우리는 나와 고객의 문제를 해결하기 위해 창업을 결심하기도 하고 외부 환경을 관찰하고 탐색하는 과정에서 창업의 기회를 포착하기도 하고, 합니다. 다시 말해 창업에서 아이디어 발상은 내재적 동기와 외재적 동기로 구분됩니다. 내재적 동기에 의한 비즈니스 모델은 나의 역량 수로 기반하고, 외재적 동기에 의한 비즈니스 모델은 주로 환경 분석에 기반합니다. 문제인식의 단계에서는 나는 왜 이것을 창업아이템으로 정했는가, 우리 시장 환경은 나의 창업 아이템을 필요로 하는가에 대해 기재하면 됩니다.

1-1. 창업아이템의 개발 동기

1-1. 창업아이템의 개발동기

※ 국내·외 시장(사회·경제·기술)의 문제점을 혁신적으로 해결하기 위한 방안 등을 기재

○

-

개발 동기는 '왜'에 대한 물음입니다. 창업자는 왜 이 아이템을 만들어야하는지, 왜 만들고자 하는지, 왜 지금 해야하는 지에 대해 논리적으로 설명해야합니다. 창업자가 창업 아이템 개발에 앞서 문제에 대해 관심 갖게 된 계기를 먼저 언급하고 개발 전과 후의 가치 창출 비교가 명확한 비즈니스 모델임을 강조할 수 있어야 합니다.

1-2. 창업 아이템의 필요성

1-2 창업아이템의 목적(필요성)

※ 창업아이템의 구현하고자 하는 목적, 국내·외 시장(사회·경제·기술)의 문제점을 혁신적으로 해결하기 위한 방안 등을 기재

○

-

내가 창업하고자 하는 제품이나 서비스가 누구에게 왜 필요한지 설명하는 부분입니다. 앞서 개발 동기는 창업자의 창업 동기를 기술한 반면, 이 부분은 시장의 트렌드, 정치 사회적 변화 및 고객의 수요 등 외부 환경적인 요소를 객관화된 데이터를 기반으로 작성해야합니다.

작성 시에는 표나 그림을 충분히 활용하여 필요성을 상세히 설명합니다. 비전문가가 읽어도 이해가 갈 수 있도록 창업 아이템의 필요성을 기술하는 것이 좋습니다. 환경 분석에 대한 방법론 적인 부분은 7장 마케팅에서 조금 더 자세히 다룹니다.

실현 가능성(Solution)

문제인식단계에서 인지한 문제를 해결하기 위한 해결책을 제안하는 단계입니다. 창업기업이 제안한 창업 아이템을 구체적으로 어떻게 실현할 것인지, 현재 어느 정도 진척되었는지, 앞으로 살아남기 위해 경쟁자와는 어떠한 차별성을 가질 것인지에 대해 기술합니다.

2-1. 창업아이템의 개발과 사업화 전략

창업 아이템을 개발하는데 문제점을 어떻게 해결할 것인지를 작성합니다. 즉, 문제를 해결할 수 있다고 생각한 나의 아이디어가 시장에서 팔리는 제품과 서비스로 확실하게 나올 수 있는 방법을 설명해야 합니다. 따라서 개발(개선)을 위해서 수행해야 할 항목을 나열하고, 각 항목에 대한 구체적인 방안 또는 행위에 대

하여 작성합니다.

2-1. 창업아이템의 개발·사업화 전략

※ 비즈니스 모델(BM), 제품(서비스) 구현정도, 제작 소요기간 및 제작방법(자체, 외주), 추진일정 등을 기재

○

-

< 사업 추진일정 >

추진내용	추진기간	세부내용
제품보완, 신제품 출시	*2020.0.0. ~ 2020.0.0.*	*OO 기능 보완, 신제품 출시*
홈페이지 제작	*2020.0.0. ~ 2020.0.0.*	*홍보용 홈페이지 제작*
...		

이 부분을 작성하는데 가장 중요한 점은 '돈을 어떻게 벌어서 어떻게 고객 가치를 창출하겠다'는 비즈니스 모델입니다. 나와 창업팀이 고객에게 제안할 수 있는 가치, 고객 발굴과 시장 창출을 위한 전략 및 채널 발굴 등에 대해 상세하게 기술되어야 합니다.

2-2. 창업 아이템의 시장분석 및 경쟁력 확보방안

2-2. 창업아이템의 시장분석 및 경쟁력 확보방안

※ 기능·효용·성분·디자인·스타일 등의 측면에서 현재 시장에서의 대체재(경쟁사) 대비 우위요소, 차별화 전략 등을 기재

○

-

전쟁터 같은 창업의 시장에서 우리가 살아남으려면 어떤 필살기를 가져야하는지 작성하는 부분입니다. 지원 서비스의 목표시장에서의 경쟁사와 경쟁제품의 차별성을 구현하기 위해서 나와 우리 팀이 확보 할 수 있는 경쟁자에 비해 우위를 확보 할 수 있는 요소에 대해 작성합니다. 린 캔버스를 통해 도출한 경쟁 우

위요소를 통해 강조할 수 있는 우리 창업팀 만의 차별화 요소와 비즈니스 모델의 포지셔닝을 기술하는 것이 좋습니다. 또한 개발 이후, 최초 시장에 진입하기 위한 계획을 단계별로 작성합니다.

성장전략 (Scale-up)

솔루션을 통해 만들게 된 사업아이템이 창출할 수 있는 예상 매출을 추정하고, 이를 실현하기 위해 필요한 소요자금내역과 자금 조달 방안에 대해 작성하는 단계입니다.

3-1. 자금소요 및 조달계획

3-1. 자금소요 및 조달계획

※ 자금의 필요성, 금액의 적정성 여부를 판단할 수 있도록 사업비 사용계획 등을 기재
※ 사업화자금 집행계획(표)에 작성한 예산은 사업아이템에 따른 금액의 적정성 여부에 대한 평가를 통해 감액 조정될 수 있음
※ 사업비 세부 집행기준은 최종통과자를 대상으로 교육 진행

ㅇ

-

< 사업화자금 집행계획 >

비 목	산출근거	금액(원)
재료비	*• DMD소켓 구입(00개×0000원)*	*3,448,000*
	• 전원IC류 구입(00개×000원)	*7,652,000*
시제품제작비	*• 시금형제작 외주용역(OOO제품 .... 플라스틱금형제작)*	
지급수수료	*• 국내 OOO전시회 참가비(부스임차, 집기류 임차 등 포함*	
...		
합 계		

지원 서비스 개발(개선)을 수행하는데 필요한 자금소요 내역에 대하여 작성(정부지원금과 창업자 부담금 포함)추정매출액을 달성하기 위해서 필요한 자금을 작성합니다. 2단계 실현가능성(Solution) 부분에서 작성한 해결방안을 근간으

로 자금소요항목을 나열하고, 각각의 산출근거에 대해 상세히 작성합니다. 표에는 대량생산 등을 위한 설비자금, 홍보를 위한 자금, 유통채널확보를 위한 자금, 기술개발이나 마케팅을 위한 인력 확보 자금 등 채워 넣습니다. 이 때, 각 비용에 대해서는 정부지원금과 창업자 부담금을 구별하여 조달계획을 작성합니다.

3-2. 시장진입 및 성과창출 전략

3-2-1. 내수시장 확보 방안

※ 내수시장을 중심으로 주 소비자층, 주 타겟시장, 진출시기, 시장진출 및 판매 전략 등을 구체적으로 기재

○

-

3-2-2. 해외시장 진출 방안

※ 해외시장을 중심으로 주 소비자층, 주 타겟시장, 진출시기, 시장진출 및 판매 전략 등을 구체적으로 기재

○

-

나와 우리 팀의 창업아이템이 시장에 진출하여 어떤 성과를 도출했는지, 또는 어떤 성과를 도출할 수 있는지에 대한 구체적인 내용을 기재합니다. 사실 초기 스타트업 단계에서는 성과를 매력적으로 기재하기 어렵습니다.

성과의 대표적인 요소는 제품 · 서비스 개발을 통한 추정매출액인데, 단순히 얼마를 벌겠다라고 주장하는 것 보다 추정 매출액을 산정하기 위해 필요한 목표고객의 규모와 진입방안에 대하여 수치에 근거하여 작성하는 것이 좋습니다. 또한 우리가 추정한 목표고객에게 진입할 방안을 구체적으로 제시하고 실현 가능한 계획을 기술해야 합니다.

추정 매출액뿐만 아니라, 앞서 린 캔버스에서 도출한 다양한 성과지표를 제시하는 것도 초기 스타트업의 성과를 매력적으로 보이게 하는 방법입니다. 작성 시에는 객관적인 데이터에 근거해서 출처를 기재하고 표와 이미지를 활용하는 것이 좋습니다.

팀구성 Team

초기 창업단계에서 가장 큰 영향을 미치는 요소는 창업자의 역량과 팀워크입니다. 지원 서비스의 개발(개선)을 위한 필요 인적자원과 필요 기술에 대하여 자사가 보유한 역량과 보유해야 하는 자원을 어떻게 확보할 것인가에 대해 작성합니다.

대표자 현황 및 역량은 지원서비스에 관련된 경력이나 사업화 경험을 작성합니다. 창업 아이템을 잘 이해하고 있고 100% 전력투구 할 수 있는지, 핵심 역량을

4-1. 대표자 및 팀원의 보유역량

ㅇ **대표자 현황 및 역량**

※ 창업아이템과 관련하여 대표자가 보유하고 있는 이력, 역량 등을 기재

-

ㅇ **팀원현황 및 역량**

※ 사업 추진에 따른 팀원현황 및 역량을 기재

순번	직급	성명	주요 담당업무	경력 및 학력 등	채용시기
1	과장	OOO	S/W 개발	컴퓨터공학 박사	'20.5
2	대리		해외 영업(베트남, 인도)	OO기업 해외영업 경력 8년	
3	...		R&D	OO연구원 경력 10년	

ㅇ **추가 인력 고용계획**

순번	주요 담당업무	요구되는 경력 및 학력 등	채용시기
1	S/W 개발	IT분야 전공 학사 이상	'20. 1
2	해외 영업(베트남, 인도네시아)	글로벌 업무를 위해 영어회화가 능통한 자	
3	R&D	기계분야 전공 석사 이상	

ㅇ **업무파트너(협력기업 등) 현황 및 역량**

※ 창업아이템 개발에 필요한 협력사의 주요역량 및 협력사항 등을 기재

순번	파트너명	주요역량	주요 협력사항	비고
1	OO전자		테스트 장비 지원	~'20.00
2	...			협력 예정

보유하고 있는지를 잘 나타낼 수 있도록 작성합니다. 팀원의 경우 우리가 창업하려고 하는 사업모델에 대한 이해도가 높고, 이 사업모델을 성공시키기 위해 필요한 역량을 갖춘 사람을 참여시키는 것이 좋습니다. 유명한 기업 출신이나, 컨설턴트들이라고 해서 창업에 늘 성공하는 것은 아닙니다. 따라서 서로의 역량을 보완할 수 있고, 불확실성에 도전하는 기업가정신을 가진 사람들로 팀을 구성하는 것이 바람직합니다. 추가 고용의 경우 꼭 필요하다고 판단되는 경우에만 작성하는 것이 좋습니다. 초기 스타트업 단계에서 무리하게 고용을 늘리면, 고정비가 증가하여 사업모델을 개발하는데 어려움이 발생하기 때문입니다. 업무파트너(협력기업 등) 현황 역시 자원이 부족한 초기 스타트업에게 매우 중요한 항목입니다. 창업제품(서비스) 개발에 필요한 협력사의 주요역량 및 협력사항 등을 기재합니다.

사업계획서를 작성하는 것은 전공 과제의 레포트를 작성하는 것 보다 훨씬 어려운 일입니다. 한라대학교는 학생들의 취창업 역량강화를 위해 체계적인 한라 Family Care 시스템을 운영하고 있습니다. 창업을 준비하는 과정 또는 사업계획서를 작성하는 과정에서 부딪히는 어려운 점은 학교내 취창업진로지원센터 또는 창업보육센터를 통해 상세한 멘토링과 도움을 받아 해결할 수 있습니다.

한라대학교 취창업진로지원센터 033-760-1153~4 한라대학교 창업보육센터 033-760-1400

3. 사업계획서까지 다 작성했다면?_창업의 절차

우리는 2장에서 6장까지 기업가정신, 기회포착, 비즈니스 모델전략 수립에서부터 사업계획 수립까지 창업에 꼭 필요한 과정을 훑어보았습니다. 사업계획서 수립까지 끝났다면, 이제는 창업을 법적으로 인가를 받는 절차를 알아봅니다.

첫 번째는 제조업 창업인데, 제조업의 경우 제품을 생산하기 위한 공장의 확보가 필수적이다. 또한 공장의 확보는 입지선정을 우선으로, 공장설립승인, 공장건축허가, 공장확보 등의 순으로 이루어집니다. 입지선정은 결국 합리적이고, 원활한 노동력의 공급, 환경친화적, 위법대상이 아닌 자유입지 및 계획 입지를 선정하는 것이 좋습니다. 그 다음 공장설립승인제도에 의한 신고 및 허가를 받아야 하는데 이 제도는 공장의 원활한 설립을 지원하며 공업의 합리적 배치를 유도하고 입지의 체계적 관리를 실현해 공업 발전 및 균형을 통해 국민경제의 건전한 발전에 이바지 하는 제도입니다.

설립승인을 받은 다음 창업 업종의 특성, 자금조달능력 및 성장가능성 등을 고려해 건축계획에 따라 절차를 이행해야 합니다. 마지막으로 공장확보에 있어서는 업종선택과 회사설립 후에 창업할 업종의 제품을 생산하기 위해서 필요한 것이며, 직접 건축을 하거나 기존 공장을 매입하는 방법, 기존 공장 임차방법 및 아파트형 공장을 분양 받거나 임대 아파트형 공장에 입주할 수 있는 방안이 됩니다. 제조업의 경우 공장확보에 있어서 초기 투자비를 절감하기 위해서는 과도한 투자를 삼가는 것이 좋습니다.

그림 6-1 제조업 창업절차도

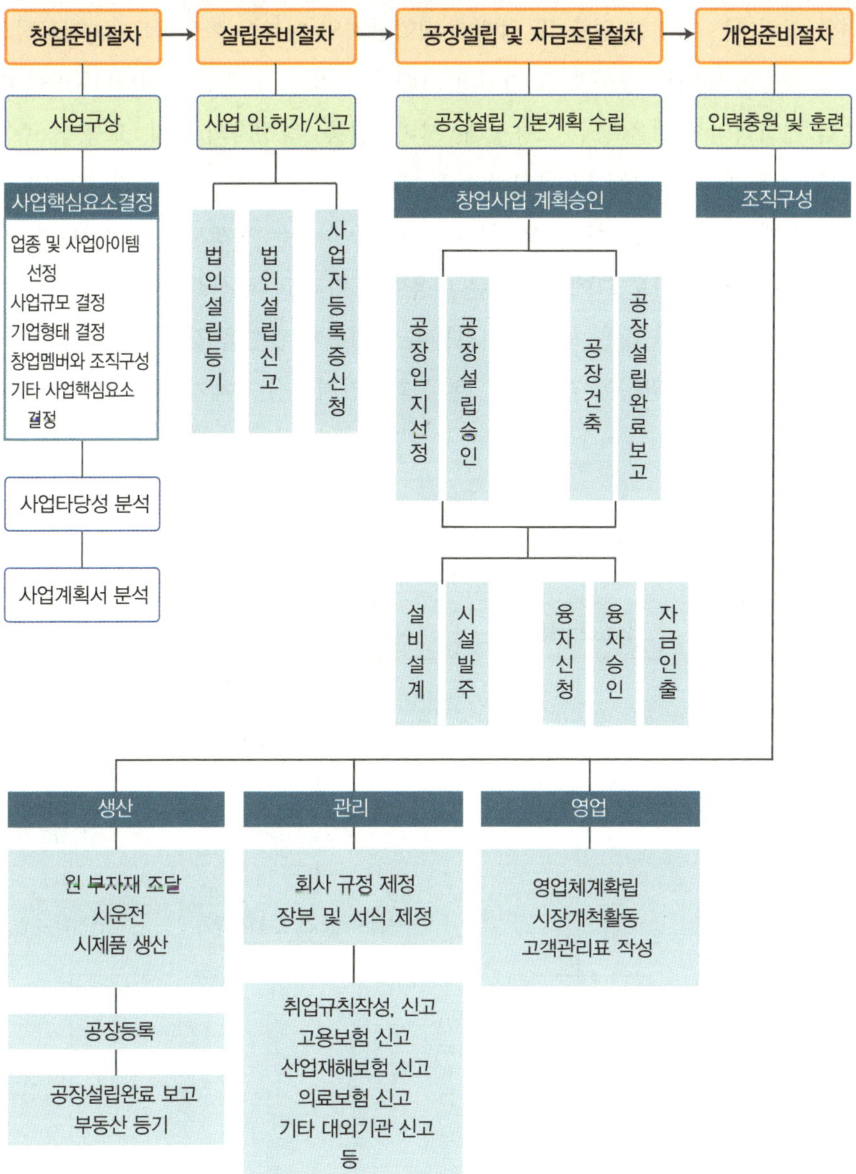

(출처: 수원대 창업보육센터)

두 번째는 서비스업 창업인데 서비스업은 제조업과 달리 공장을 필요로 하지 않기 때문에 입지의 선정과 종업원의 연수가 가장 중요한 요소가 됩니다. 서비스업의 창업자는 창업할 업종 및 업태와 적합한지의 여부를 확인하는데, 핵심적으로 고객들이 얼마나 편하게 그 기업과 거래할 수 있는가 포인트 입니다. 또한 매출과 매입액의 추정을 통한 고용상태, 서비스활동, 경쟁자의 입지, 교통량, 주거밀도, 소득수준, 접근성 및 가시성 등을 검토하는 것이 옳습니다. 각 후보지 별 매출 잠재력의 추정을 복잡하게 만드는 요인 중 하나는 경쟁사의 영향입니다. 오늘날은 경쟁의 증가로 그에 소요되는 비용이 증가하고, 생산성 및 서비스의 질이 떨어짐에 따라 보다 많은 서비스 기업들이 마케팅에 관심을 갖게 되었는데, 마케팅 또한 입지와 연관성이 깊습니다. 결국 최적입지선정 자체가 마케팅이 될 수도 있습니다.

그림 6-2 서비스업 창업절차도

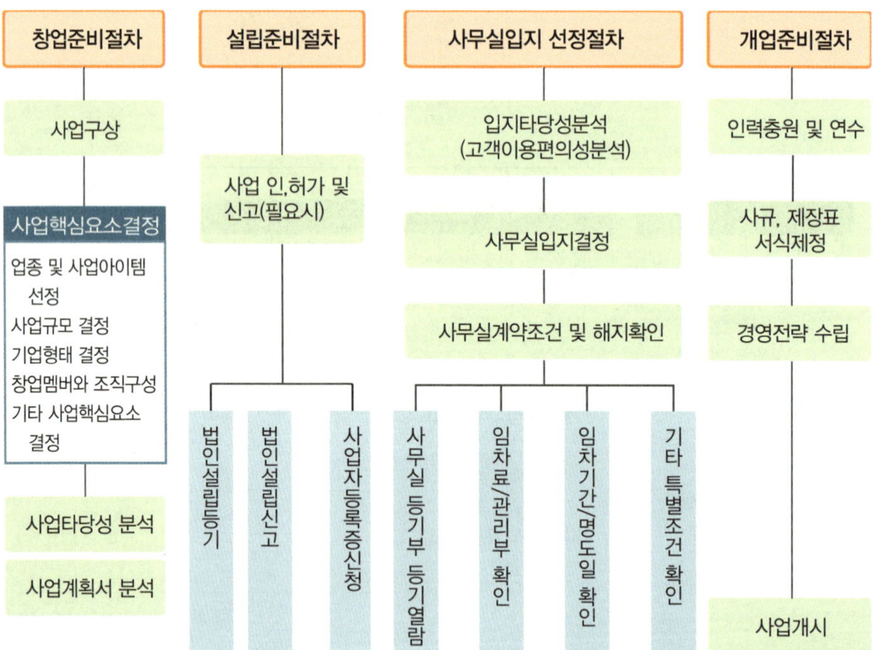

(출처: 수원대 창업보육센터)

4.사례로 살펴보는 창업_ ㈜록야의 사업계획 수립과 팀 구성

회사명	㈜록야
창업일	2011.1
대표자	박영민, 권민수
사업아이템	종자사업, 스마트팜 솔루션, 유통사업
실적	• '봉구비어', '아워홈' ㈜농심 포테이토칩, ㈜해태가루비 '생생칩' 원료감자 공급 • 2015 농식품창업콘테스트 대통령상 수상 • 현대일렉트릭–툴젠–록야 스마트팜 업무협약
주요사항	• 수요예측기반 생산/유통시스템 개발 • 스마트팜 솔루션 개발

농업의 미래를 밝게 하는 청년 창업가가 있습니다. 강원도를 대표하는 농업법인 스타트업 '록야'의 박영민, 권민수 공동대표입니다. 대학시절부터 같이 농부의 꿈을 키우며 6차 산업에 뛰어든 두 청년. 농산지와 기업 간 감자 유통을 시작으로 '꼬마감자' 생산 기술 특허도 보유하고 있습니다. 종자 개발에서 유통, 스마트팜 기술까지 6차 산업을 이끌 젊은 창업가로 주목받고 있습니다.

록야는 강원대 농업생명과학대학 출신의 두 친구가 2011년 만든 회사입니다. 농업경제학을 전공한 문과생 박 대표와 원예학을 전공한 이과생 권 대표가 합심했습니다. 전공은 다르지만 2006년 농림부가 개설한 대학생 농업연수생 과정에서 처음 만나 록야 공동창업으로 이어졌습니다.

2011년 '농사가 미래다'라고 생각한 두 청년이 자동차 매매상사에서 청소를 해주는 대가로 가게 한 구석에 책상 두 개와 노트북 두 개로 창업을 시작했습니다. 이들은 전국 감자 농가를 찾아다니면서 "우리가 판로를 해결할 테니 감자를 외상으로 달라"라고 고객과의 만남을 시작했는데, 놀랍게도 2012년 중순 해태제과에서 "한번 만나자"라는 전화를 받았습니다. 그렇게 계약을 하고 싶었던 제과기업에서 그들을 직접 찾는 일이 발생했습니다. 사연을 알아보니 강원도 양구에 있는 한 감자 농가 주인이 해태와 계약을 맺을 때 "나는 비즈니스를 잘 모르니 나를 찾아왔던 두 청년에게 모든 것을 맡길 것"이라고 말한 것이 제과기업과 청년기업을 연결해 준 것이었습니다. 벼랑 끝에 몰렸던 두 청년은 해태제과의 계약을 시작으로 농심 · 신세계 등 대기업에 감자를 납품하기 시작했고 이들은 곧 강원도를 대표하는 청년 기업이 되었습니다.

2명으로 시작했던 록야의 임직원은 현재 10여 명으로 늘어났습니다. 해태제과가 생산하는 생생칩의 원료, 아워홈과 신세계푸드가 식재료로 쓰는 감자를 납품하고, 신세계가 운영하는 펍 데블스도어의 일부 메뉴에도 록야의 감자가 사용되고 있습니다. 전국 20개 산지 200여 곳 농가에서 매년 6000t의 감자를 수매해 대기업에 납품한 결과 2018년 매출은 60억에 달합니다.

감자 유통으로 매출을 올리던 록야가 스타트업계에서 유명해진 것은 2015년 열린 '제1회 대한민국 나는 농부다' 대회에서 '꼬마 감자'로 1위를 하면서부터입니다. 권 대표는 "밭에서 감자 농사를 지으면 일부만 꼬마감자를 얻을 수 있는데, 땅이 얕은 재배 상자를 이용하면 꼬마감자를 생산할 수 있다는 것을 발견했다"고

덧붙였습니다. 꼬마감자 특허도 가지고 있습니다. 꼬마 감자를 주제로 한 'I Am Ground'라는 브랜드를 가지고 꼬마감자 제품도 출시할 계획입니다. 박 대표는 "누구나 꼬마감자를 쉽게 요리할 수 있는 제품이 될 것"이라며 "편의점용, 캠핑용 등 5개 제품을 선보일 것"이라고 말했습니다. 현재 충남 아산시가 이 제품을 생산할 수 있는 공장을 만들고 있고, 곧 완공 예정입니다. 권 대표는 "B2C 시장에 도전하게 되는 것"이라고 강조했습니다.

두 공동창업자는 또 다른 도전에 나서고 있습니다. 최근 경기도 판교에 연구소를 만들었습니다. 농가가 재배작물을 선택하고 재배량을 결정하는 데 도움을 줄 수 있는 스마트 팜 솔루션을 만들기 위해서입니다. 박 대표도 "우리 기술을 몇몇 지역에서 테스트 중인데, 결과가 좋게 나오고 있다"고 사랑했습니다.

이렇게 되면 록야는 종자 개발부터 유통, 그리고 스마트 팜 기술까지 제공하는 스타트업으로 성장하게 됩니다. "농민들 스스로 일군 뉴질랜드 키위 그룹 제스프리로 만드는 게 우리의 목표"라는 두 창업자의 말이 허황되게 들리지 않는 이유입니다.

Chapter 6

Q 스마트팜은 농업을 전공한 사람만 하는 거 아닌가요?

A 농 · 림 · 축 · 수산물의 생산, 가공, 유통 단계에서 정보 통신 기술(ICT)을 접목하여 지능화된 농업 시스템을 의미합니다. 사물 인터넷, 빅데이터, 인공 지능 등의 기술을 이용하여 농작물, 가축 및 수산물 등의 생육 환경을 적정하게 유지 · 관리하고, PC와 스마트폰 등으로 원격에서 자동 관리할 수 있어, 생산의 효율성뿐만 아니라 편리성도 높일 수 있습니다. ICT 기술을 활용한 스마트팜 기술을 통해 환경 정보(온도 · 상대습도 · 광량 · 이산화탄소 · 토양 등) 및 생육 정보에 대한 정확한 데이터를 기반으로 생육 단계별 정밀한 관리와 예측 등이 가능하여 수확량, 품질 등을 향상시켜 수익성을 높일 수 있다. 또한, 노동력과 에너지를 효율적으로 관리함으로써 생산비를 절감할 수 있다. 예를 들면, 기존에는 작물에 관수할 때 직접 밸브를 열고 모터를 작동해야 했다면, 스마트 팜에서는 전자밸브가 설정값에 맞춰 자동으로 관수를 한다. 따라서 스마트 관수 설계에서부터 LED 식물

공장에 이르기까지 스마트팜이 적용되는 제품과 서비스는 다양합니다. 개발단계에서는 전기, 전자 관련 분야를 전공했거나, 컴퓨터로 제품을 설계하는 CAD 자격증등이 있으면 실무에 도움이 됩니다.

Q 꼭 팀원이 필요하나요?

A 폴 그레이엄이 지적한 스타트업을 죽이는 18가지 실수의 첫 번째가 혼자 창업하기입니다. 팀원을 찾아서 팀을 만드는 과정을 팀빌딩이라고 하며, 비즈니스모델 수립 만큼이나 팀빌딩은 중요합니다. 최근에는 지자체, 기관마다 청년창업자를 위한 포럼을 많이 개최하고 있습니다. 대표적인 오프라인 모임은 고벤처캠퍼스(https://goventure.com), 스파크포럼(www.sparkkorea.org), 대학생연합 창업동아리 (https://cafe.naver.com/spec2017) 등이 있습니다. 각 지역 창조경제혁신센터, 창업보육센터, 창업허브센터에서도 창업자간 네트워킹 파티를 개최하기도 합니다. 시간이 여의치 않아 오프라인 모임이 어렵다면 온라인에서 팀원을 구할 수 있습니다. 비긴메이트의 경우 온라인 플랫폼을 통해 자신이 필요한 직군의 팀원을 찾을 수 있습니다.(www.beginmate.com)

생각 나누기

1. k-startup.go.kr에 접속해서 창업지원사업별 사업계획서 양식을 찾아보고 분석해 봅시다.

2. 공모전 또는 창업지원사업에 지원하는 것을 가정하고 팀의 조직도를 그려봅시다. 즉시 채울 위치와 나중에 채울 위치를 표시하고, 조직도를 기반으로 팀원 계획을 작성해봅니다(3단원 생각나누기를 통해 도출한 나의 특성을 다시 한번 살펴보고, 나의 역량을 보완할 수 있는 팀원에 대해 생각해 봅시다).

CHAPTER

07

마케팅 전략

1. 마케팅의 정의와 기본 개념을 이해합니다.
2. 마케팅 전략의 프레임워크를 이해하고, 실습해봅니다.
3. 마케팅 근시안의 의미를 이해하고 이를 극복하고 시장에서 성장하는 방법을 알아봅니다.

#마케팅
#미시환경
#거시환경
#SWOT
#STEEP
#시장세분화
#표적시장
#포지셔닝
#4P
#마케팅근시안

1. 마케팅의 정의

많은 사람이 마케팅하면 판매와 광고를 제일 먼저 떠올립니다. 일상적으로 SNS 광고, TV 광고, 인터넷의 광고의 홍수 속에 사는 우리가 마케팅에 대해 그렇게 생각하는 것은 어쩌면 당연한 것일수도 있습니다. 그러나 판매와 광고는 마케팅에서의 빙산의 일각에 불과합니다. 오늘날 마케팅은 고객 욕구를 충족시키는 과정이라는 관점에서 이해해야 합니다. 탁월한 고객가치를 제공하는 제품과 서비스를 개발하고, 효과적인 가격 책정, 유통정책, 촉진 정책을 개발하여 제품과 서비스의 판매를 증대시키는 모든 과정이 곧 마케팅입니다.

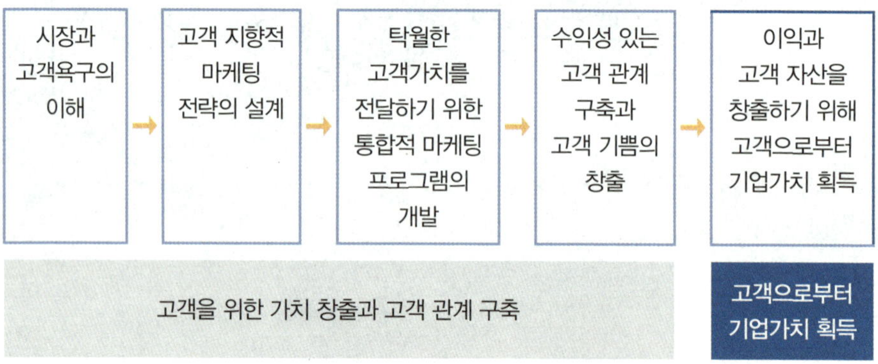

넓은 의미에서 마케팅은 개인과 조직들이 원하는 것을 가치 창출 및 거래, 상대방과의 가치교환을 통해 얻기 위해 이루어지는 사회적 관리적 과정을 의미합니다. 이것을 기업과 관련지어 상대적으로 좁은 의미에서 본다면 마케팅은 수익성과 가치를 발생시키는 고객과의 교환관계를 구축하는 과정이 됩니다. 마케팅의 대가 필립 코틀러(Philip Kotler)는 마케팅이란 기업이 고객을 위해 가치를 창출하고 강력한 고객 관계를 구축함으로써 그 대가로 고객들로부터 상응한 가치를 얻는 과정이라고 정의했습니다.

우리는 앞에서 기업의 생존부등식과 린 캔버스를 통해 기업은 끊임없이 고객에게 가치를 창출해야 함을 배웠습니다. 따라서 슘페터가 주장한 기술혁신뿐 아니라, 바람직한 마케팅전략을 세우는 것은 기업의 생존을 결정하는 중요한 요소입니다. 바람직한 마케팅전략을 세우기 위해서는 내외부 환경을 분석하고, 기회를 발견하고, 전략을 수립하고 전략을 전개하는 프레임워크가 필요합니다.

[마케팅 전략의 전개 FRAMEWORK]

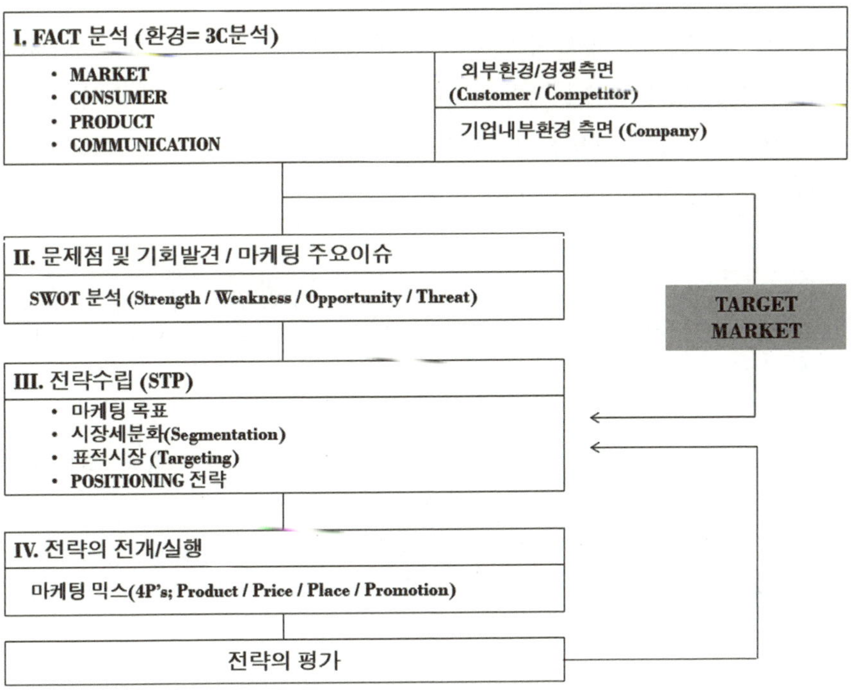

2. 마케팅전략의 FRAME WORK

회사의 마케팅 환경은 고객들과 기업이 성공적인 관례를 구축하고 유지하는 환경이며 이는 미시환경과 거시환경으로 구성됩니다. 미시환경(microenvironment)은 고객을 대하는 능력에 영향을 미치는 기업 가까이 위치한 구성원들(회사, 공급업체, 중간상, 고객, 경쟁자 등)로 구성됩니다. 거시환경(macroenvironment)은 미시환경에 영향을 미치는 보다 큰 사회적 요인들(사회적 요인, 경제적 요인, 자연적 요인, 기술적 요인, 정치적 요인)로 구성됩니다. 우선 거시적 환경을 분석하는 STEEP에 대해 살펴봅니다.

사회적요소	변화하는 연령구조(베이비 붐 세대, X세대, 밀레니얼 세대, Z세대), 출산율에 따른 인구 감소, 다양한 형태의 가족의 등장, 인구의 지역적 이동 등을 포함합니다.
기술적요소	기술적요소는 우리의 생활방식을 형성하는 가장 극적인 요인입니다. 항생물질, 로봇을 이용한 수술, 소형의 전자제품, 인터넷, 스마트폰과 같은 혁신적인 것을 선보입니다.
경제적요소	경제적요소는 소비자의 구매력과 소비패턴에 영향을 미치는 요소를 포함합니다. 소비자 소비 패턴의 변화, 소득분포의 변화, 금리, 대출패턴과 같은 경제 변수들이 해당합니다.
환경적요소	환경적 지속가능성에 대한 관심은 지난 30여년 간 지속해서 증가해왔습니다. 지구온난화나 미세먼지와 같은 위험요소 또는 환경오염이 우리 제품에 미치는 영향을 분석합니다.
정치적요소	정치적 환경은 그 사회에서 다양한 기관과 개인들에게 영향을 미치거나 이들을 제한하는 법, 정부기관, 압력단체 등을 포함합니다. 최근 윤리와 사회적 책임 활동에 대한 관심의 증가도 중요한 환경요소로 작용합니다.

Social	Technological	Economic	Ecological	Political
• 고령사회 진입 • 출산율 감소 • 1인가구 증가 • 신기술의 도입 • 세계화 • 라이프 스타일의 변화	• 4차 산업혁명 • 무인 결재 • 인공 지능 • 자율 주행차 • IOT • 스마트폰 대중화	• 물가 상승 • 환율의 변동 • 미,중 무역전쟁 • 청년 실업률 상승	• 지구 온난화 • 엘니뇨 • 기후,농산물 • 지하자원 • 미세먼지	• 시장의 규제 • 무역 협정 • 세율의 변동 • 남북 화해

3C 분석은 자사(Company), 고객(Customer), 경쟁사(Competitor)를 분석하는 방법입니다. 거시적 분석을 통해 시장 진입의 긍정적인 결론을 도출한 뒤 진행하는 미시적 분석입니다. 이 단계에서 분석한 내용들은 이후 단계의 분석 프레임워크인 SWOT, STP에서 활용될 수 있습니다.

Company	자사에서 제공하는 제품과 서비스는 사회 규범에 부합하는지, 인적 물적 기술적 자원은 풍부한지에 대한 분석을 진행합니다. 이 단계에서 도출한 정보는 SWOT 분석으로 활용되어 자사가 경쟁사들과의 경쟁을 어떻게 이겨낼지, 시장에서 얼만큼의 규모를 차지할지에 대한 결론을 도출하는 요소가 됩니다.
Customer	고객 또는 시장으로 해석될 수 있습니다. 자사의 제품과 서비스가 현 시장에서 차지하는 규모를 분석하고, 성장 가능성, 각 시장별 잠재수요 등을 분석합니다.
Competitor	기업의 제품과 서비스에 대한 현 시장의 경쟁사의 장점과 약점, 선두주자에 대한 벤치마킹이 포함됩니다. 이 때 나의 제품과 서비스의 유사성을 갖춘 경쟁사는 물론이고, 나의 제품과 서비스의 카테고리가 겹치지 않는 잠재적 경쟁사도 고려해야 합니다. 예를 들어 내가 맥주회사라고 가정하면, 수입 맥주도 나의 경쟁사가 되지만 맥주 시장을 공격하는 막걸리 회사도 나의 경쟁사가 될 수 있습니다.

문제점 및 기회의 발견_SWOT 분석

외부 환경분석과 내부 요인들에 대한 분석이 끝나면 체계적으로 정리하고 활용방안을 모색하는 것이 바람직합니다. 3C와 STEEP에서 도출한 항목들을 Strength 강점, Weakness 약점, Opportunities 기회, Threats 위협의 4가지 상황별, 요인별로 재배열하고 이를 분석하여 마케팅 전략을 도출할 수 있습니다.

[SWOT 분석]

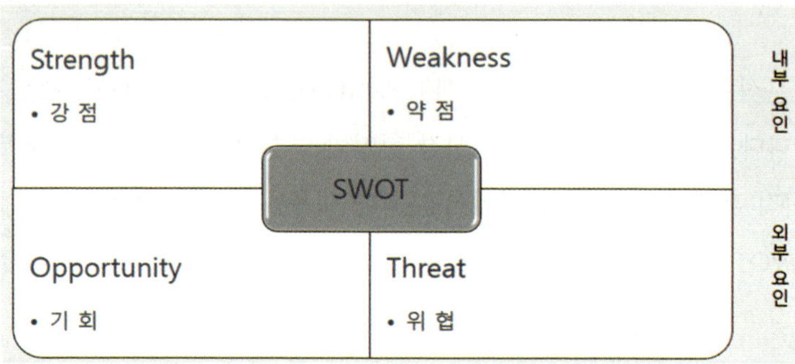

SWOT 분석은 전략적인 분석 수단으로서 외부환경의 기회요인(Opportunity factor)과 위협요인(Threat factor), 그리고 기업 내부의 강점(Strength)과 약점(Weakness)간의 적합한 연결을 통해 외부환경분석에서 도출되는 기회요인과 위협요인 및 내부분석에서 도출되는 강점과 약점을 하나의 틀 속에 결합함으로써 기업의 전체 상황을 평가하고, 효과적인 전략을 수립하는데 도움을 주는 분석기법입니다.

환경분석을 통한 기회요인 및 위협요인을 파악하고, 자신의 강점과 약점 또한 도출되었다면, 기회요인 및 위협요인과 강점과 약점의 내용을 대응시키면 4가지 유형의 전략 방향에 관한 매트릭스를 만들 수 있습니다.

[전략 방향에 관한 매트릭스]

유 형	전 략 방 향	
SO 전략	기회와 강점을 결합한 전략	1 순위 성공 전략화
ST 전략	위험에 대비하면서 강점을 활용하는 전략	2 순위 위험회피
WO 전략	기회를 살리되 약점을 고려한 전략	3 순위 성공전략화
WT 전략	위험도 크고 약점도 많을 때의 전략	4 순위 위험회피

LET'S DO IT! 나뚜르 아이스크림의 SWOT을 분석해 봅시다.

비교대상을 달리하여 SWOT분석을 진행하고 그 결과를 친구들과 토론해 봅시다.

1) 아이스크림 시장에서의 경쟁사(하겐다즈, 허쉬 등)와 비교할 때
2) 아이스크림을 대체하는 음료, 커피와 비교할 때

Strength	Weakness
S1 S2 S3	W1 W2 W3

Opportunity	Threat
O1 O2 O3	T1 T2 T3

전략의 수립_시장세분화, 표적시장선정, 포지셔닝

시장세분화와 표적시장 선정은 기업의 마케터들이 제품과 서비스에 적합한 소비자를 찾아내는 과정입니다.

시장 세분화란 인구통계, 생활 패턴, 혹은 행동 패턴적인 특성을 기반으로 하여 구분되는 특정 소비자그룹을 지칭합니다. 인구통계학적 특성은 나이, 교육 수준, 성별, 소득 수준 등을 포함합니다. 생활 패턴적 특성은 활동적, 개인주의적, 위험감수, 시간활용성향 등의 요소입니다. 행동학적 특성은 브랜드 충성도나 신제품 수용도 등의 구매 특성을 나타냅니다. 이러한 특성을 기준으로 시장을 세분화 할 때는 마케터는 마케팅 프로그램에 유용한 시장세분화 기준을 선택해야 합니다. 가령 타이레놀 구매자들을 고소득 진통제 사용자와 저소득 진통제 사용자로 나누었는데, 각 세분시장이 마케팅활동에 같은 반응을 보인다면, 소득수준에 근거한 시장세분화는 효과적인 마케팅 프로그램에 도움이 되지 않습니다.

전체시장을 여러 개의 세분시장으로 나눈 후, 기업은 이들 중 하나 혹은 그 이상의 세분시장을 선택할 수 있습니다. 시장 표적화는 각 세분시장의 매력도를 평가하고 하나 혹은 그 이상의 목표 세분시장들을 선택하는 과정입니다. 기업은 이익을 실현하는 수준에서 가장 큰 고객가치를 창출하고 이를 계속 유지할 수 있는 세분시장을 목표시장으로 삼아야 합니다.

대부분의 기업은 한 세분시장을 목표로 하여 제품시장에 진입합니다. 그리고 그 시장에서 성공을 거두면 점차 세분시장의 수를 늘려가며, 전체 시장을 겨냥하게 됩니다. 예를 들어 Nike는 열성적인 달리기 선수를 위해 혁신적인 운동화를 판매하는 것으로 시작했습니다. 그러나 이제 Nike는 어떤 수준에 있는 운동선수인지 상관없이 자신의 역량을 발휘할 수 있도록 돕는 것을 목표로 넓은 범위의 스포츠용품을 판매합니다. 그리고 이 회사는 각 세분시장의 특정 욕구를 충족시키기 위해 설계된 서로 다른 제품들을 개발합니다.

포지셔닝(Positioning)이란 목표 소비자의 마음속에 경쟁제품들과 비교하여 명확하고, 차별화되고, 바람직한 위치에 자사 제품이 자리 잡도록 하는 노력을 말합니다. 마케터들은 자사 제품을 경쟁브랜드들과 차별화시키고 목표시장 내에서 소비자들에게 1등 이미지를 주기 위해 노력합니다. 예를 들어 Audi는 "Truth in Engineering(엔지니어링의 진수)"를, 현대자동차는 "Driving Experience"를 약속합니다.

전략의 전개와 실행_4P 마케팅믹스

전반적인 마케팅 전략이 결정되면, 기업은 마케팅믹스를 구체적으로 계획하는 단계를 진행합니다. 마케팅믹스는 기업이 목표시장의 고객들로부터 기대하는 반응을 창출하기 위해 사용하는 통제가능하고 전술적인 마케팅도구들의 집합입니다. 마케팅믹스는 기업이 제품에 대한 수요에 영향을 미치기 위해 수행하는 모든 것을 포함하지만, 대체로 제품(product), 가격(Price), 유통(Place), 촉진(Promotion)으로 구성되는 4P로 분류됩니다.

[마케팅 믹스의 4P]

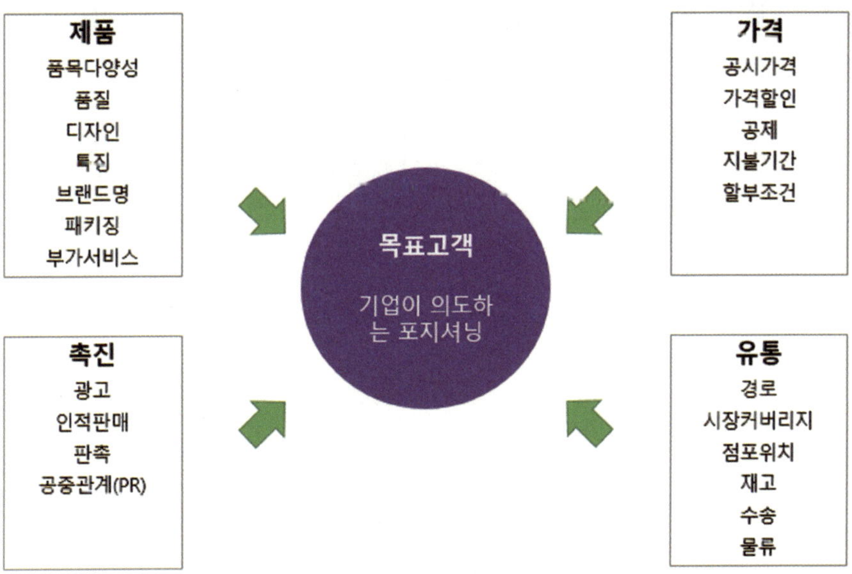

Product	제품은 기업이 목표시장에 제공하는 재화 및 서비스의 묶음을 의미합니다. Ford의 Escape 승용차는 나사, 점화플러그, 피스톤, 헤드라이트 등 수천가지 부품으로 구성되며, 몇 가지 유형의 Escape 모델들과 수십가지 옵션들을 제공합니다. 또한 승용차는 완벽한 구매 후 서비스와 보증을 제공하는데, 이들도 제품의 구성요소에 포함됩니다.
Price	가격은 제품을 획득한 대가로 지급해야할 금액입니다. Ford는 딜러가 각 Escape 모델에 책정할 권장 소매가격을 산정합니다. 그러나 영업사원들은 소매가격 그대로 받기보다는 가격할인, 보상판매 등을 통해 고객과 가격 협상을 합니다. 이런 방법을 통해 현재의 경쟁상황을 고려한 가격을 책정하여 구매자의 지각된 승용차 가치에 맞춥니다.
Place	유통은 목표 소비자들이 제품을 쉽게 이용할 수 있도록 하는 기업활동을 말합니다. Ford는 많은 수의 영업사원을 통해 다양한 승용차 모델을 판매합니다. Ford 는 영업사원을 교육하고 이들에게 강력한 지원을 제공합니다. 영업사원들은 Ford의 승용차들을 재고로 보유하고, 잠재구매자들에게 시승을 제공하고, 가격을 협상하고 판매를 하고, 판매 후에는 서비스를 제공합니다.
Promotion	촉진은 제품의 장점을 알리고 목표 고객들이 자사 제품을 구매하도록 설득하는 일련의 활동입니다. Ford는 회사 및 많은 승용차 모델들에 대한 정보를 소비자들에게 제공하기 위해 광고비를 지출합니다. 영업사원들은 세일, 저이자 대출과 같은 구매 유발 인센티브를 제공합니다.

3.마케팅 근시안Marketing Myopia

많은 창업가, 마케터, 발명자들이 고객들에게 제공될 구체적 제품에만 주의를 기울이고 그 제품에 의해 고객이 얻게 될 편익과 경험의 중요성을 소홀히 여기는 실수(마케팅 근시안)를 저지릅니다. 이들은 이러한 마케팅 근시안으로 인해 마케팅 성과를 올리는 데 어려움을 겪는 것은 물론, 심할 경우 회사의 생존까지 영향을 미치기도 합니다. 아래의 사례는 "제품은 소비자가 당면한 문제를 해결하는 수단에 불과할 뿐임"을 잊어서는 안 된다는 사실을 알려주고 있습니다.

News Briefing

마케팅 근시안에 빠진 기업의 몰락

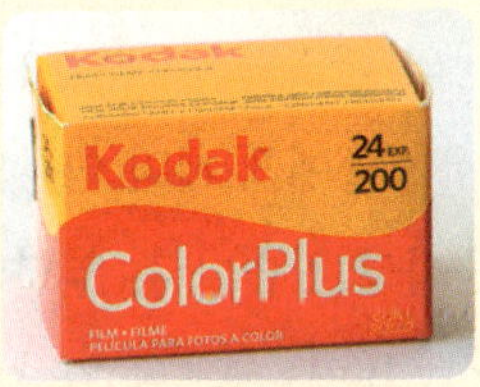

코닥은 1934년 필름 카메라의 세계 표준이 된 35밀리 필름을 개발하면서 '사진 필름의 대명사'로 자리를 잡았다. 이후 스냅사신 코딕 기메라를 선보여 1976년 미국 필름 시장 점유율 90%, 카메라 시장 점유율 85%를 기록하여 필름과 카메라 시장을 독점하였다.

1975년에는 세계 최초로 디지털카메라 기술을 개발했지만, 자사의 기존 주요 비즈니스 모델인 필름 판매가 타격을 입을 것을 우려해 디지털카메라의 기술개발과 마케팅에 적극적으로 나서지 않았다. 1981년 소니에서 디지털카메라를 출시하여 판매하고 있었으나 코닥의 경영진은 이미 미국의 필름 시장을 장악하고 있었기 때문에 안주하였다. 이 시기에 소비자들의 인식이 아날로그 시대에서 디지털로 변화하는 흐름에 적응하고 있어 디지털카메라에 대한 수요가 점차 늘고 있었으나 이를 파악하지 못하면서 코닥은 몰락하기 시작했다.

결국 코닥은 다른 기업이 디지털카메라를 내놓기 시작한 1994년에서야 부랴부랴 디지털 시장에 진출했다. 하지만 일찍부터 디지털 시대에 대비한 캐논과 니콘 등에 밀렸다. 코닥의 디지털카메라는 예쁘고 깜찍한 다른 제품에 비해 디자인이 투박했고 적목 현상 없애기, 얼굴 인식 등 다른 업체 디지털카메라에 있는 다양한 기능도 없었다. 1991년 190억 달러에 이르던 매출은 2010년 72억 달러로 추락했고 1990년대 후반~2000년대 후반 10년 동안 코닥의 주식 가치는 75%나 떨어졌다.

코닥은 그들이 잘 만들고 대다수의 소비자가 사용하고 있는 필름을 더 잘 만드는 데 집착했다. 마케팅 근시안에 빠진 코닥은 디지털카메라 기술이 기존 고객이 요구하는 수준에는 미치지 못하지만 고객의 욕구가 변화하고 있다는 것을 인식하지 못했고 결국 2012년 1월 코닥은 파산보호신청을 했다.

(출처: 동아 비즈니스 리뷰, 2012. 2)

현명한 창업가와 마케터들은 제품과 서비스의 속성 그 이상에 주의를 기울입니다. 그들은 제품과 서비스를 조합하여 브랜드 경험(brand experience)을 창출하려고 합니다.

예를 들어 Angry Bird는 모바일 게임 앱 이상입니다. 116개국 이상의 국가에서 매달 2억명 이상의 유저들에게 게임 이상의 경험을 제공하고 있습니다. 열렬한 유저는 Angry Birds 세계를 일상의 무료함을 벗어나게 해주는 곳으로 표현하기도 합니다. 지금까지 Angry Birds 모바일 게임은 20억번 이상 다운로드 되었습니다 이 게임을 개발한 Rovio는 Angry Birds경험을 여러 영역으로 확장하고 있는데 단편 만화, 3D 만화, 장난감과 의류 등에 라이선스 제공, Angry Birds 놀이공원과 테마파크 등이 그 예입니다.

4. 사례로 살펴보는 창업_스타트업을 위한 마케팅 전략

회사명	㈜데브시스터즈
창업일	2007년 5월
대표자	이지훈(홍익대학교 시각디자인학과) 김종흔(서울대학교 경영학과 학사)
사업아이템	쿠키런 외 7개의 모바일 게임과 쿠키런 IP 상품들
실적	• '쿠키런 for Kakao' 2천만 이상 다운로드 달성 • 구글 플레이 1위 달성 (2014)

모바일게임 '쿠키런'을 만든 (주)데브시스터즈는 코스닥신데렐라라는 별명을 가진 회사입니다. 코스닥 시장 첫날 주당 가격 77,000까지 형성하면서 시가총액은 단숨에 8,316억 원이 되었습니다. 청약증거금으로 몰린 자금이 4조 원 규모로 놀라운 성적이었습니다.

데브시스터즈의 신화는 지난 2013년 4월 카카오톡을 통해 '쿠키런'이라는 모바일 게임을 출시한 것이 그 출발점입니다. 5일 만에 다운로드 수가 100만을 넘으며 흥행 돌풍을 예고했고 '쿠키런 for Kakao'의 성공에 힘입어 2013년에는 매출 613억 원, 당기순이익 223억 원이라는 경이적인 성공을 거두었습니다.

또한, 2016년에 공개한 후속작 '쿠키런: 오븐브레이크' 역시 누적 다운로드 2,800만 건에 달하고, 지금까지도 안정적으로 운영되고 있습니다.

또, 쿠키들을 활용한 장난감, 학용품 등 굿즈도 인기리에 판매중입니다. 쿠키런을 소재로 한 교양만화는 국내 대형서점의 아동서적 코너에서 도서 판매 상위권을 자랑하고, 동남아 지역에서는 쿠키런 과자가 판매되고 있습니다. 쿠키런은 단순히 모바일게임을 넘어 IP(지적재산권)로서도 높은 가치를 가졌다는 평가를 받고 있습니다.

꾸준한 업데이트로 지속적인 동기부여

창업 초기 12명이던 회사의 직원 수는 현재 약 60여 명. 매출 규모에 비추어 볼 때는 많지 않은 인력입니다. 소수의 힘으로 성공을 거둘 수 있었던 가장 큰 요인은 쿠키런이라는 하나의 게임을 지속해서 업데이트하여 시리즈 형식으로 출시하는 사업전략을 택했기 때문입니다. 쿠키런은 한 달에 평균 3~4회의 업데이트로 이용자들에게 지속적인 게임 이용 동기를 부여하는데, 소수 핵심 프로젝트와 기존 흥행작 유지보수에 주력하는 이러한 방식은 많은 장점을 지닙니다. 즉, 안정적 운영이 가능하며, 높은 수익성을 가져다줍니다.

운영적인 측변뿐 아니라, 게임적인 면에서도 좋은 전략을 보여줍니다. 캐주얼 러닝 게임의 단점은 반복적인 플레이로 인해서 유저들이 쉽게 지루함을 느끼게 되는데, 쿠키런은 캐릭터, 펫, 보물 등을 조합할 수 있는 형태의 창의적인 게임 연출효과로 이를 잘 극복하고 있습니다. 디자인적 요소 역시 쿠키런 성공에 크게 작용하였습니다. 누구나 쉽게 접근할 수 있도록 직관적인 UI로 설계되었기 때문에 처음으로 게임을 접하는 사람, 심지어 스마트폰이 익숙지 않은 사람조차도, 단순한 스토리와 귀여운 캐릭터를 주무기로 내세운 이 게임의 재미에 금방 빠져들게 됩니다.

'슈퍼마리오' 같은 글로벌 메가 게임이 목표

데브시스터즈는 막대한 글로벌 쿠키런을 이용자 풀을 활용한 크로스 프로모션 마케팅 등에 역량을 집중할 예정입니다. 쿠키런의 귀여운 캐릭터들로 다양한 장난감과 학용품 등을 만들어 수익을 창출하는 등 쿠키런 지적재산권(IP)의 가치를 키워갈 것입니다. 슈퍼마리오나 포켓몬스터처럼 사랑받는 게임캐릭터들을 구축하는 것.이 바로 데브시스터즈의 목표이자 전략입니다.

(출처: 중소기업 성큼성큼. 2013.)

Q 벤처기업 인증이란 무엇인가요?

A 벤처기업이란 기술성이나 성장성이 높아 정부에서 지원할 필요가 있다고 인정하는 기업으로 세제, 금융, 입지, 특허, 마케팅 등 다양한 분야에서 우대혜택을 받을 수 있습니다. 벤처기업 인증을 받기 위해서는 '벤처기업육성에 관한 특별조치법'의 4가지 기준 중 1가지를 만족시켜야합니다. 벤처두자기업, 연구개발기업, 기술평가보증기업, 예비벤처기업 중 하나를 충족하면 벤처기업으로 확인받을 수 있습니다.

Q 캐릭터 마케팅이 궁금합니다.

A 캐릭터 마케팅이란, 인기 있는 캐릭터를 활용하여 기업의 이미지를 만들거나 상표를 알리는 마케팅 활동을 말합니다. 이를 통해 기업은 브랜드의 직접적인 설명, 혹은 서비스에 대해 안내를 하지 않고도 브랜드를 자연스럽게 전할 수 있습니다. 브랜드가 가지고 있는 성격에 따라 캐릭터의 성향과 관계 등 브랜드 중심의 스토리텔링이 이뤄지는 경우가 많습니다. 소비자들은 귀여운 캐릭터를 이용하며 브랜드에 대한 호감을 얻을 수 있으니 많은 브랜드, 기업들이 선택하는 마케팅 방법입니다.

캐릭터 마케팅의 장점으로는 1.캐릭터 제작 및 운용 비용이 유명 모델을 기용하는 것보디 저렴합니다. 2.성공적인 캐릭터는 여러 가지 파생 상품이나 콘텐츠를 만드는 '원 소스 멀티 유즈' 마케팅도 가능하게 합니다. 또한 멀티미디어 테크놀로지가 발달하면서, 인간 모델과 교감하는 내용의 홍보 콘텐츠를 만드는 것도 가능합니다. 대표적인 캐릭터 마케팅으로는 카카오의 '카카오프렌즈', 네이버의 '라인프렌즈', EBS의 '펭수' 등이 있습니다.

생각 나누기

1. 마케팅이란 무엇일까요? 마케팅근시안에 대해 생각해보고 이를 피할 수 있는 방법에 대해 이야기 해 봅시다.

2. 기업이 마케팅전략을 추구하는 데 있어 채택할 수 있는 다섯 가지 마케팅 관리 철학에 대해 논의해 봅시다.

3. 기업은 수익성 있는 고객을 얻기 원합니다. 기업이 고객과의 관계를 구축하는 방법에 대해 설명해봅시다.

CHAPTER

08

지식재산권

1. 비즈니스에서 지식재산권의 필요성과 가치를 이해하고 학습합니다.
2. 아이디어를 보호하는 지식재산권을 이해하고 획득 방법을 학습합니다.
3. 지식재산권으로 비즈니스 파트너십을 구축하는 방법을 학습합니다

#지식재산권
#산업재산권
#저작권
#특허
#실용신안
#디자인
#상표
#출원
#공개
#등록
#특허 침해
#로열티
#라이선싱

1. 지식재산권과 우리 생활

기업가정신과 지적재산(IP: Intellectual Property)은 밀접한 관련이 있습니다. 창업자가 새로운 아이디어를 생각해내거나 새로운 제품(서비스)을 개발했다면 가장 먼저 점검해야 하는 사항은 "이것을 보호할 수 있는가?" 혹은 "다른 사람이 복제하지 못하게 할 수 있는가"입니다. 새로운 아이디어를 보호하는 데는 매우 현실적인 이유가 있습니다. 우리는 5단원에서 지속할 수 있는 비즈니스 모델은 모방 불가능성을 지녀야 함을 배웠습니다. 제품이나 서비스를 출시했을 때 경쟁자에 의해 쉽게 복제될 만한 것에 회사자원을 낭비해서는 안 됩니다. 새로 내놓는 제품이나 서비스를 경쟁자가 복제하여 금방 시장에 들고 온다면 그것을 제작, 생산, 광고 등에 들어간 모든 시간, 노력과 돈 등은 쓸모없어지는 셈입니다. 게다가 경쟁자들은 제품(서비스)의 연구, 개발, 테스트 등에 들어가는 초기 비용을 절감할 수 있기 때문에 가격을 낮추어 경쟁할 수 있습니다.

반대로 창업자가 "이 신제품(서비스)가 다른 누군가의 지적재산권을 침해하지 않는가?"도 점검해야 합니다. 물론 "보호할 수 있는가"와 "침해하지 않는가"에 대해 판단을 내리기 위해서는 창업자 스스로 지적재산에 대한 기본 사항을 숙지하고 있어야 합니다.

지식재산권은 창의적 아이디어에 대해 독점적으로 소유하고 다른 사람이 사용하지 못하게 보호해 주는 법적인 권리입니다. 다시 말해 지식재산권은 산업재산권(특허권, 실용신안권, 디자인권, 상표권), 저작권, 신지식 재산권을 포함하는 인간의 정신적 창작물이나 창작된 방법에 대해 인정하는 독점적 권리의 무체재산권입니다. 지식재산은 특허, 실용신안, 디자인, 상표, 출처표시 또는 원산지 명칭, 컴퓨터 프로그램, 데이터베이스, 반도체집적회로 배치설계, 영업비밀, 지리적 표시 등을 포함합니다. 특허권 또는 실용신안권으로 기술과 아이디어는 보호될 수 있습니다.

스타트업의 지식재산권에 관한 국내외 연구사례

- 미국 특허청에 따르면 창업 기업이 특허를 등록받을 경우 향후 5년간 고용이 36% 증가하고 매출이 51% 확대 되는 것으로 나타났습니다. (중도일보 18.03.)
- 프랑스에서 '07~'12년 동안 추적 관찰한 결과 특허를 보유한 스타트업의 성공률이 30% 인데 반해 특허가 없는 스타트업의 성공률은 8% 그쳐 그 차이가 22%로 나타남. (전자신문 17.06.14.)
- 미국에서 벤처투자를 받은 스타트업 중 67%는 투자자들이 해당 스타트업이 보유한 지식재산을 투자결정의 중요한 요인으로 꼽았습니다. (특허청, 17. 02.)
- 스타트업의 성장 가능성은 특허를 보유한 경우가 미보유 경우의 35배인 것으로 나타남. (MIT innovation Initive, 2016.)
- 산업재산권을 보유한 5년 이내 신생기업의 경우, 도산위험이 크게 감소 (특허청, 2014.)

그림 8-1 지식재산권의 종류

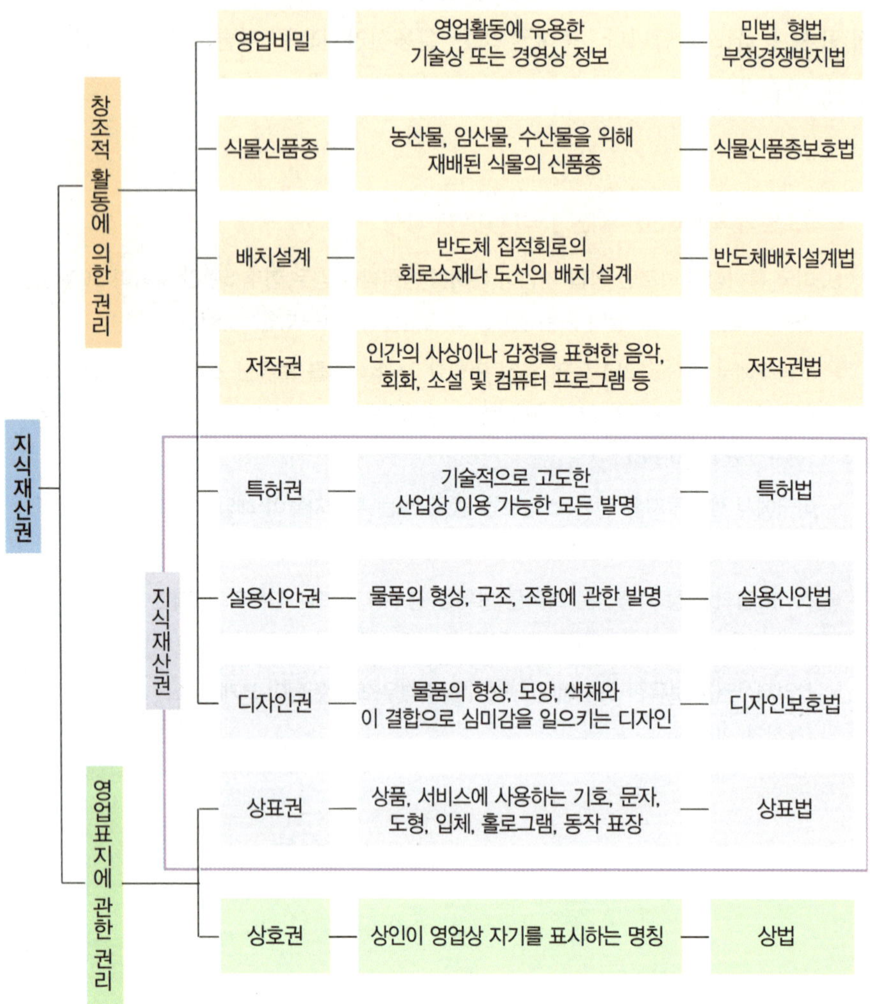

(출처: 특허청(http://www.kipo.go.kr))

표 8-1 산업재산권의 종류

구분	특허	실용신안	디자인	상표
정의	자연법칙을 이용한 기술적 사상의 창작으로서 발명 수준이 고도화된 것 대발명	자연법칙을 이용한 기술적 사상의 창작으로서 물품의 형상 · 구조 · 조합에 관한 실용있는 고안 소발명	물품의 형상 · 모양 · 색채 또는 이들의 결합한 것으로서 시각을 통하여 미감을 느끼게 하는 것	타인의 상품과 식별하기 위하여 사용되는 기호 · 문자 · 도형 · 입체적 형상 · 색채 · 홀로그램, 동작 또는 이들을 결합한 것
보기 (전화기)	알렉산더 그레이엄 벨이 전지를 응용하여 처음으로 전화기를 생각해 낸 것	분리된 송수화기를 하나로 하여 편리하게 한 것	탁상전화기를 반구형이나 네모꼴로 한 것	전화기 제조회사가 제품이나 포장 등에 표시하는 상호 · 마크
존속 기간	설정등록일로부터 출원일 후 20년까지	설정등록일로부터 출원일 후 10년까지 구법 적용 분은 15년	설정등록일로부터 15년까지	설정등록일로부터 10년 10년마다 갱신 가능, 반영구적 권리

(출처: 특허청(http://www.kipo.go.kr))

특허로 돈을 버는 비즈니스 모델

좋은 특허는 돈이 될 수 있습니다. 특허권을 부동산처럼 사고파는 일도 빈번해지고, 특허권에 대한 로열티로 수억 원을 받는 발명자도 있습니다. 성장이 둔화하면서 투자처를 찾지 못하던 금융권에서는 특허권이 투자가치가 있을 때 특허에 펀드를 투자하기도 합니다. 이와 같이 특허가 점점 화폐적 가치로 인정받는 시대가 오고 있습니다. 특히 창업할 때 특허권은 보호막이 되어 사업의 성장을 도와줍니다. 특허를 이용해 돈 버는 비즈니스 모델에 대한 사례를 살펴봅시다.

아이디어로 돈 벌기

아이디어는 있지만, 창업은 부담스럽다면 아이디어 공모전 등을 활용해 일단 아이디어를 공개해봅니다. 아이디어 공모전에서 수상한 경우 기업에서 제품개발을 할 수 있도록 도와주고 발생한 매출의 일부를 인센티브로 받을 수 있습니다. 그러므로 아이디어부터 제품 개발 및 판매까지 모두 할 수 없다고 하여 포기하지 말고 도전해 봅시다.

특허를 활용한 창업

좋은 아이디어에 대해 특허권을 받은 후 창업할 수 있습니다. 특허권이 없다면 창업 후 유사품이 사업을 위협할 수 있기 때문에 사업에 대한 보호막으로서 특허권은 매우 중요합니다. 앞서 서술했듯이, 특허권이란 아이디어를 특허권자만 독점적으로 사용할 수 있는 법적인 보호 장치로 다른 사람이 유사한 제품을 만들 수 없도록 법적인 조치를 취할 수 있습니다. 특허는 그 자체만으로 가치가 있는 훌륭한 자산이며 경쟁자를 따돌릴 수 있는 좋은 무기가 됩니다.

[특허청의 생활밀착형 제품 아이디어 공모]
(https://www.kipo.go.kr/)

특허 거래

특허권이 돈을 벌어 주는 경우는 점점 많아지고 있습니다. 특허에 대한 사용권을 회사에 주는 대신 로열티(기술료)를 받을 수도 있고, 특허기술에 대한 안목을 이용하여 좋은 특허를 싼값에 사서 꼭 필요한 회사에 되팔거나 로열티를 통해 돈을 벌 수도 있습니다. 최근에는 회사의 가치에서 특허권 등 지식재산권이 차지

[아이디어 마루에서는 아이디어가 사업화되도록 멘토링을 지원합니다]
(https://www.ideamaru.or.kr/)

하는 비중이 점점 커짐에 따라 지식재산권 펀드도 출현하고 있다. 좋은 특허권을 획득한 사실이 주식시장에서 호재로 받아들여져 주가가 급등하는 경우도 있습니다.

기술과 시장의 빠른 성장을 위한 특허 개방

특허 개방은 자신이 소유하고 있는 특허권을 타인이 무료로 사용하도록 허락해 주는 것을 말합니다. 그렇다면 왜 회사들이 특허 개방을 할까요? 첫째는 특허 기술의 시장을 넓히기 위함입니다.

예를 들어 전기자동차 시장의 경우 테슬라가 전기자동차 관련 특허를 공유하며 5년 동안 시장이 커진 생태계가 조성되었습니다. 테슬라의 앞선 기술의 특허권을 부담 없이 사용할 수 있는 상황이 되니, 다른 업체들이 전기자동차 산업에 많이 진출하기 시작했고 이는 시장의 성장을 유도했습니다. 두 번째는 후발 주자로 산업에 진출했을 때 선두주자에 대응하여 후발주자의 시장 점유율을 높이기 위함입니다. 구글은 안드로이드 OS를 무료로 공개함으로써 first mover였던 애플과 맞설 수 있는 경쟁력을 확보했습니다.

2. 특허권 만들기

특허권은 시장에서 창과 방패의 역할을 하므로 내 아이디어를 특허권으로 보호한 후에 제품을 공개 및 판매하는 것이 좋습니다. 현행 지식재산권에서는 발명(고안)에 대해 특허와 실용신안이라는 두 가지 형태의 권리를 부여하고 있습니다. 일반적으로 특허는 '고도한 발명'에 주어지며 권리를 행사할 수 있는 기간이 긴 대신 심사에 걸리는 시간도 깁니다. 반면 실용신안은 발명보다는 혁신성이 떨어지는 '고안'에 주어지며 권리행사 기간이 짧은 대신 빠르게 심사받아 권리화할 수 있습니다.

표 8-2 특허권과 실용신안권 구분

	특허권	실용신안권
법률적 정의	고도한 기술적 사상으로서 용이하게 발명할 수 있는가?	기술적 사상으로서 극히 용이하게 고안할 수 있는가?
대상 및 요건	물건의 구조 및 형상, 방법, 사업 모델 등 다양한 대상을 포괄하며 도면은 필수 요소가 아님	물건의 구조와 형상에 관한 것으로 도면이 필수 요소
존속기간	출원일로부터 20년	출원일로부터 10년
심사청구	출원일로부터 5년	출원일로부터 3년

자신의 발명에 대해 특허를 받은 경우 특허권자는 출원일로부터 20년간 자신이 실시할 수 있는 독점권과 타인의 실시를 금지할 수 있는 금지권을 가지게 됩니다. 특허출원은 특허권을 갖기 위해 국가에 일정한 양식과 절차에 따라 신청하는 행위를 말하고, 특허청은 절차와 양식이 맞게 된 특허 출원에 대하여 심사를 실시하여 특허 여부를 결정합니다.

표 8-3 특허 출원 시 필요한 서류

<table>
<tr><td>출원서</td><td>발명자 및 출원인 특정</td><td rowspan="2">발명 내용을 요약하여 기재</td></tr>
<tr><td>요약서</td><td>대표도</td></tr>
<tr><td rowspan="3">명세서</td><td>발명의 명칭</td><td>구체적이며 명료하게 기재</td></tr>
<tr><td>발명의 상세한 설명</td><td>기술 분야, 배경 기술, 내용, 실시 예 등</td></tr>
<tr><td>청구범위</td><td>권리를 받고자 하는 사항</td></tr>
<tr><td>도면</td><td colspan="2">물건 발명의 경우에 반드시 첨부</td></tr>
</table>

특허 출원을 했다고 해서 나에게 발명에 대한 독점권이 바로 주어지는 것은 아닙니다. 심사과정을 거쳐 특허 등록이 되어 특허권을 받은 후에야 나의 발명을 모방하지 못하도록 다른 사람에게 권리를 행사할 수 있습니다. 특허 출원 이후 등록까지 보편적으로 1년 이상의 기간이 필요합니다. 만일 중간에 추가적인 서류 제출이 필요하게 되면 더욱 더 오래 걸립니다. 그러므로 특허가 등록되기 전까지는 반드시 비밀로 관리해야 하며, 빠른 시일 내에 사업을 시작해야하는 경우 '우선 심사제도'를 신청할 수 있습니다.

LET'S DO IT! 특허 조사하기

우리가 생각한 아이디어는 다른 사람도 생각했을 가능성이 높습니다. 그러므로 출원 전에 특허 조사를 통해 선행 기술을 확인해 봐야 합니다.

특허 출원은 출원일로부터 1년 6개월 후에 공개되므로 출원되었음에도 불구 미공개 건이 있을 수 있습니다. 따라서 자주 검색하여 최신 정보를 수시로 확인하는 것이 좋습니다.

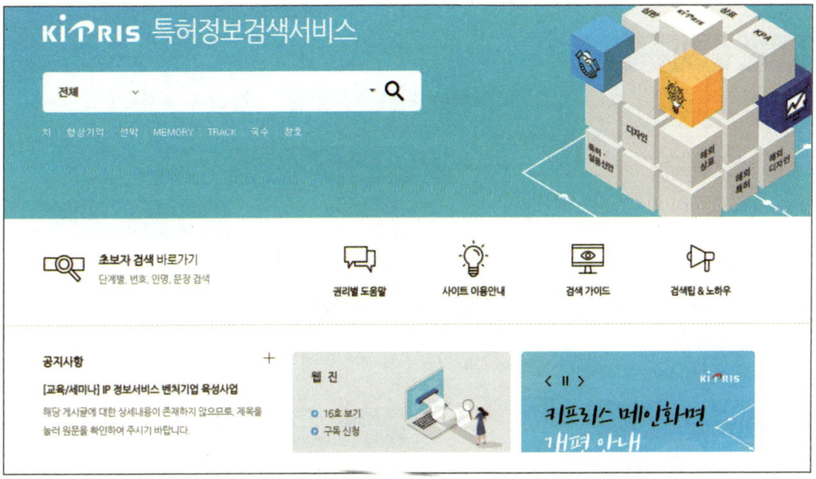

다음은 특허 정보를 조사할 수 있는 사이트입니다.

- 특허정보넷 키프리스 http://www.kipris.or.kr
- 윕스온 http://www.wipson.com
- 국가과학기술정보센터 http://www.ndsl.kr
- 구글 특허검색
- 네이버 특허검색

KIPRIS를 사용하여 '스마트폰케이스'에 관한 발명을 검색해 보고, 검색되어 나온 특허, 디자인, 상표에 대해 친구들과 의견을 나누어 봅시다.

[특허 등록 프로세스]

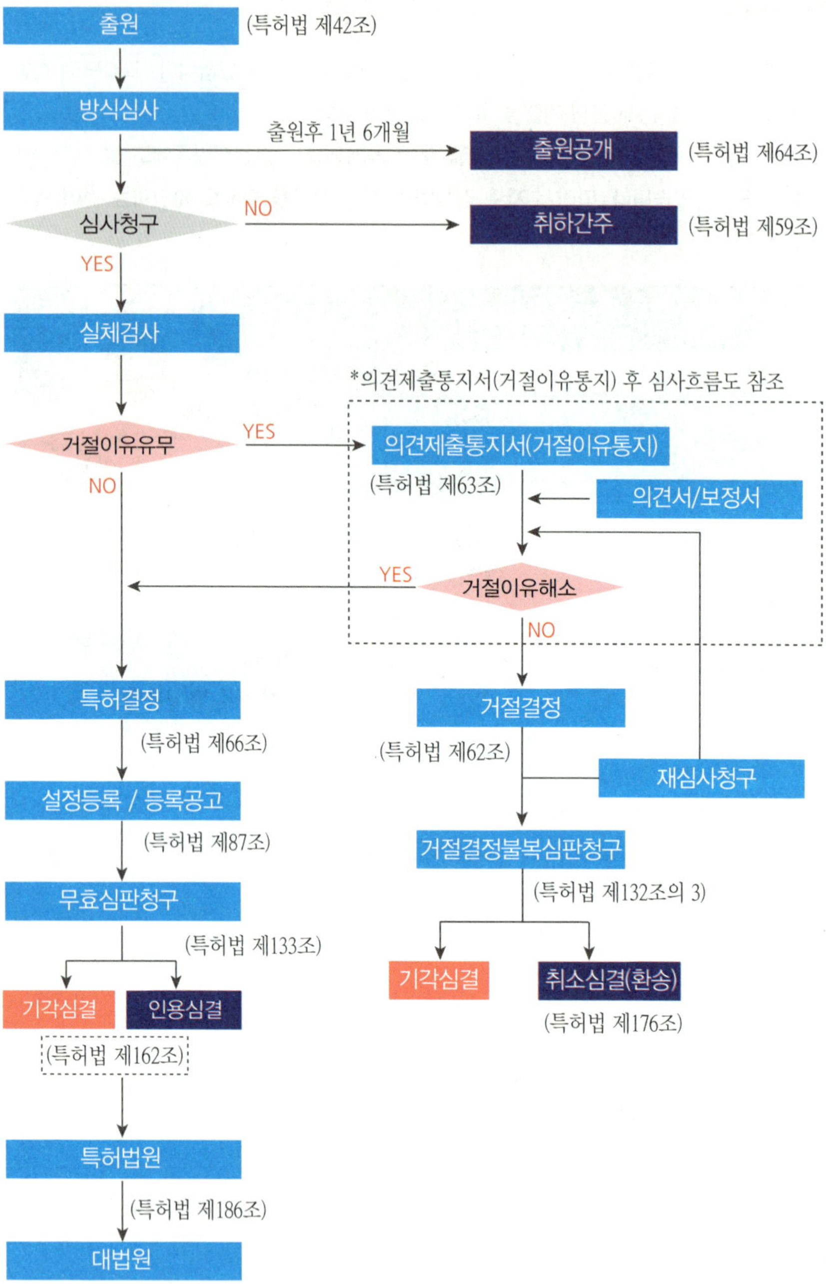
출원
(특허법 제42조)
방식심사
출원후 1년 6개월
출원공개
(특허법 제64조)
심사청구
NO
취하간주
(특허법 제59조)
YES
실체검사
*의견제출통지서(거절이유통지) 후 심사흐름도 참조
거절이유유무
YES
의견제출통지서(거절이유통지)
(특허법 제63조)
의견서/보정서
NO
YES
거절이유해소
NO
특허결정
(특허법 제66조)
거절결정
(특허법 제62조)
재심사청구
설정등록 / 등록공고
(특허법 제87조)
거절결정불복심판청구
(특허법 제132조의 3)
무효심판청구
(특허법 제133조)
기각심결
취소심결(환송)
(특허법 제176조)
기각심결
인용심결
(특허법 제162조)
특허법원
(특허법 제186조)
대법원

우리 정부는 과학기술 경쟁력 강화를 위해 다양한 기관을 통해 지식재산확보에 필요한 지원을 제공하고 있습니다. 지역지식재산센터를 통해 IP 창업 Zone, IP 나래와 같은 지원사업을 활용하면 전문 변리사의 전담 멘토링, 특허 출원 지원에서부터 전문가의 창업 멘토링까지 만나볼 수 있습니다.

[지식재산 지원제도]

구분	기관명	내용	사이트
1	한국발명진흥회 (지역지식재산센터)	특허출원 비용	www.kipa.org
2	한국지식재산협회 대한변리사회	특허출원(명세서 작성 등) 및 비용 지원	www.kinpa.or.kr www.kpaa.or.kr
3	한국여성발명협회	시제품 제작 지원, 여성 발명인 변리 교육, 변리 상담 서비스	www.inventor.or.kr
4	한국산업기술평가관리원	구매 조건부 신제품 개발, 해외 수요처 연계	www.keit.re.kr
5	지식재산특허지원센터	상용화 검증 지원, 신뢰성 부가검증 지원, 신뢰성 테스트 지원, 패킹 지원	www.kipex.org
6	I-PAC 특허지원센터	상품기획, R&D, 특허출원, 특허 포트폴리오, IP금융에 이르기까지 특허경영 전반적인 컨설팅, 국제특허분쟁 컨설팅	www.ipac.kr
7	공익변리사 특허 상담센터	서류작성, 침해사건에 대한 민사소송비용, 분쟁조정	www.pcc.or.kr
8	한국전자정보통신산업진흥회 특허표준지원센터	특허컨설팅, R&D 연계 특허 전략, 사내 특허관리 체계 등	www.gokea.org
9	한국지식재산보호협회	국제 지재권 분쟁 예방 컨설팅	www.kipra.or.kr
10	지역지식재산센터	선행기술조사, 국내 및 해외 출원 비용일부지원, 특허맵, 시뮬레이션, 지식재산교육	www.ripc.org

(출처: 스타트업을 위한 IP전략, 한국발명진흥회)

3. 비즈니스 파트너십

우리는 앞에서 특허가 창업에 필요한 이유와 특허로 돈을 버는 사례를 알아보았습니다. 좋은 특허로 창업을 하고 로열티를 받으며, 특허를 사고팔기도 하고, 특허의 가치에 투자하기도 합니다. 그러나 좋은 특허가 있다는 사실이 사업의 성공을 뜻하지는 않습니다. 특허와 사업은 별개이므로 사업 성공에 파트너가 필요하다면 적합한 파트너십을 맺는 것이 좋습니다. 특허에 대해 라이센싱 하는 경우는 전용실시권과 통상실시권이 있습니다.

라이센싱과 로열티

특허에 투자하는 방법은 특허를 사는 방법, 특허 창업에 투자하는 방법, 특허를 사용하고 사용료를 내는 방법 등 여러 가지가 있습니다. 본인의 특허를 직접 사업화하는 것보다 제조 기반이나 자금력 있는 업체에 자신의 권리(특허)를 매도하는 것이 때로는 이득이 될 수도 있습니다. 특허를 사용하도록 허락하고 그 사용료를 받는 방법에 대해 알아봅시다. 특허를 사용하도록 허락하는 것을 '라이센싱 아웃'이라 하고 그 사용료를 흔히 '로열티'라고 합니다.

특허 라이센싱의 종류

라이센싱의 유형은 3가지가 있습니다. 첫째는 특허권 전체 또는 일부를 파는 것, 둘째는 특허권에 대한 독점적이고 배타적인 사용권, 셋째는 특허권을 사용할 수 있는 권리를 주지만, 독점적인 것이 아니므로 특허권자가 여러 사람에게 사용권을 주는 방법입니다.

① 특허권 전체 또는 일부를 파는 방법

특허권 전체를 파는 것은 비교적 간단합니다. 그러나 일부를 파는 경우에는 기술 노하우, 가격 측정에 대한 철저한 계약이 필요합니다. 특허권의 일부를 사는 파트너는 법적으로 공동 특허권자가 되기 때문에, 원 특허권자는 공동 특허권자가 특허권을 사용하는 것은 막을 수도 없고 사용료를 받을 수도 없습니다. 특허권 일부를 파는 경우에는 기술료, 개량 발명에 대한 정의와 소유, 분쟁 해결 등에 대한 항목들을 구체적으로 계약서에 기재해야 합니다. 일반적으로 일부권을 판매하는 경우는 구매자가 제품을 직접 만들어 팔 수 없는 경우거나, 단순히 특허의 가치에 돈을 투자하는 투자회사만 진행됩니다.

② 특허권에 대한 독점적 배타적 사용권을 주는 경우

'전용실시권'이라고 불리기도 하는데, 특허권에 대해 전용실시권을 설정하면 특허권자도 전용실시권을 설정한 기간 내에는 특허 발명을 사용할 수 없습니다.

③ 통상실시권

특허권을 사용할 수 있는 권리이지만 독점적인 사용권이 아닌 경우이며 '통상실시권'이라고 합니다. 통상실시권은 시간, 지역, 내용에 대해 자유롭게 지정하여 줄 수 있습니다. 특허권의 특허발명 중 일부에 대해서만 사용권을 줄 수도 있습니다. 이러한 제약의 내용은 반드시 계약서에 기재해야 합니다.

4. 사례로 살펴보는 창업_튼튼한 특허전략이 회사를 지킵니다

창업일	2001년 9월
전 대표자	유현오 한양대학교 고분자재료공학과 학사, 섬유공학과 석사, 화학공학과 박사 제닉의 창업자, 2015년 보유 지분을 약 700억 원에 매각한 뒤 지난 해 3월부터 한양대 교수로 활동 중
현 대표자	박철홍 인하대학교 의과대학 박사(2018년 7월에 대표이사로 신규 선임)
사업	• 하이드로겔 마스크팩 외 피부 화장품 • 2019.08. 셀더마 데일리 신규브랜드 런칭
실적	연매출 690억 2,704만 원(2018.12)

대박의 비결은 발상의 전환

세계를 평정한 마스크팩을 소개합니다. 언니 누나의 화장대에 한두 번쯤 보았던 말캉말캉한 겔 타입의 마스크팩은 제닉의 제품입니다. 제닉의 마스크팩은 2007년, TV홈쇼핑에 첫선을 보인 이후 최장수, 최다 판매 등 신기록을 수립하며 누적 판매액이 2013년기준 3,200억에 달하는 초대형 히트작이 되었습니다. 제닉의 수용성 하이드로겔 기술은 국내 특허는 물론 미국, 러시아, 일본, 중국에 특허등록을 마쳤을 뿐 아니라 장영실상, NET 인증, 한국고분자학회벤처기술상, 한국공업화학회 대주기술상 등을 통해 그 기술력을 객관적으로 인정받고 있습니다.

2001년 유현오 대표가 1인 기업으로 창업한 제닉은 위기를 극복하며 2011년에 코스닥 상장할 만큼 폭발적인 성장을 했습니다. 현재의 제닉을 있게 해준 수용성 하이드로겔 기술은 원래 붙이는 상처치료제로 개발된 것이었습니다. 유대표는 대학시절 호주 여행 중 경비가 부족하여 아르바이트를 시작한 경험에서 아이디어를 착안했습니다. 열기 속에서 일하니, 밤에 잠을 잘 수 없을 정도로 얼굴이 화끈거리고 따가웠는데 그때 호주 현지인들이 냉장고에 넣어두었던 적신 수건을 얼굴에 덮어주자 피부가 빠르게 진정된 경험을 아이템 삼아 사업에 도전한 것입니다.

초기 자본금은 짧은 직장생활로 모은 돈이 전부. 상처치료제는 의약품이었기 때문에 제품개발에 큰 비용과 시간이 들었습니다. 비용과 시간의 소진은 곧 고난으로 다가왔지만. 하이드로겔을 포기할 수 없었던 유 대표는, 상처에 붙이려던 제품으로 피부미용팩으로 만듭니다. 의약품 개발에서 미용 제품개발로의 과감한 변경으로 세계를 평정한 마스크팩이 탄생했습니다.

1인 1 특허 프로그램

유현오 대표는 성장에 안주하지 않고 자체 부설연구소를 설립하여 총 매출 대비 1.5%를 연구개발에 투자하여 지속적인 기술개발을 통해 차별화된 제품 기술을 확보하고자 했습니다. 피부미용과가 있는 장안대학교와 산학협력체결을 통해 R&D에 속도를 올리고 특히 연구원 1명이 1개 이상의 특허를 취득하는 이른바 '1인 1특허 프로젝트'을 운영하여 지재권 확보에도 노력을 기울였습니다. 세계 최초로 개발한 피부온도에 반응하여 겔에 함유된 유효성분이 경피 흡수되는 온도감응성 하이드로겔 기술에 대한 권리를 한국, 중국, 일본, 러시아, 미국, 유럽에서 취득하게 됩니다.

Chapter 3

소송? 문제없습니다

제닉의 성장이 늘 탄탄대로만은 아니었습니다. 2008년 경쟁사의 대표가 제닉의 영업비밀자료 및 기술자료를 이용하여 유사 제품을 생산 · 판매함에 따라 4년간 특허 소송에 휘말렸습니다. 특허 소송은 '하유미팩'의 제조와 직결되는 내용으로 제닉이 만약 온도감응형 하이드로겔 관련 특허와 마스크팩 하단부분 디자인 등록과 관련된 소송에서 패하게 되면 제닉의 특허를 누구나 사용할 수 있게 되어 경쟁사의 진입이 쉬워 지는 상황이었습니다. 소송 패소가능성으로 인해 금융감독원이 제닉의 IPO 상장 일정이 미뤄지는 안타까운 일이 발생하기도 했지만 유 대표는 "패소하더라도 하이드로겔 마스크팩에 대한 추가적인 특허를 확보하고 있어 문제가 없다"며 "생산능력, 원가경쟁력, 높은 브랜드 인지도 등으로 유사 회사의 진입에도 제닉에 미치는 영향은 크지 않을 것"이라고 강한 자신감을 보였습니다.

결국 제닉은 J사 및 J사의 대표이사를 상대로 진행 중이던 업무상 배임, 부정경쟁방지 및 영업비밀보호에 관한 법률위반, 영업 비밀 침해금지 등 소송에서 승소했습니다. 재판부는 J사 및 그 대표이사가 제닉의 영업비밀자료 및 기술을 자료를 이용, 제품을 생산 판매하여 부당이득을 취했다고 판단하여 J사 대표이사에게 1심에서 징역 1년의 실형, 2심에서 징역 8개월 집행유예 2년을 선고했습니다. 또한 제닉은 일정부분의 보상과 기술사용 로열티를 받게 되었습니다. 유현오 제닉 대표이사는 "판결에 힘입어 자사의 지식재산권, 영업비밀에 대한 보안 및 관리를 더욱 철저히 할 것이며 유사 제품에 대한 경계를 늦추지 않을 것"이라고 말했습니다.

Q 영업비밀은 무엇인가요?

A 영업비밀이란 공공연히 알려져 지지 않고 독립된 가치를 지니는 것으로서 합리적인 노력에 의해 비밀로 유지된 생산방법, 판매방법, 그 밖에 영업활동에 유용한 기술상 또는 경영상의 정보를 의미하고 부정경쟁방지 및 영업비밀보호에 관한 법률로 보호합니다.

생각 나누기

1. 나의 아이디어가 어떤 지식 재산권으로 보호받을 수 있고, 어떤 형태의 비즈니스로 사업을 할 수 있는지 이야기해 봅시다. 그리고 창업을 한다면 어떤 브랜드로 시작할 것인지 생각해봅시다.
2. 자신이 정한 상표명이 어떤 물품이나 서비스에 출원 또는 등록되어 있는지 찾아봅시다.

CHAPTER

09

창업과 성장을 위한 자금조달

1. 스타트업의 자금 조달 방법을 알아보고 유형별 특징을 이해합니다.
2. 투자 프로세스의 일반적인 방법을 알아봅니다.
3. EXIT의 개념을 이해합니다.

#정부정책자금
#엔셀투자
#크라우드펀딩
#엑셀러레이터
#벤처캐피탈
#출구전략

1. 자금 조달 방법

사업 아이디어를 내고 사업계획을 세워 사업에 얼마의 지금이 필요할지를 파악하였다면 이제 창업과 성장을 위한 자금을 구해야 합니다. 기업을 운영하게 되면 함께 일할 사람을 고용하고, 사무실을 임차하는 등 진행하는 모든 단계에 비용이 발생한다는 것을 체감할 수 있습니다. 따라서 스타트업 CEO는 항상 자금 조달에 늘 목마른 상태로 있습니다. 크게 보면 기업이 자금을 조달하는 방법은 빌리거나, 투자를 받거나 2가지로 구분됩니다. 그러나 세부적으로 살펴보면 스타트업의 경우 자금을 조달하는 방법은 7개로 나눌 수 있습니다. 각각의 경우에 대해 알아보겠습니다.

① 비공식 투자자(Family, Friends, Fools)
② 정부정책자금(융자대출, 사업화 지원)
③ 엔젤투자 및 매칭펀드
④ 크라우드 펀딩
⑤ 엑셀러레이터
⑥ 벤처캐피탈(Venture Capital)
⑦ IPO(Initial Public Offering)를 통한 대중 투자

① 비공식 투자자

일반적으로 창업자 자신 외 가장 큰 창업자금원은 바로 비공식 투자자들입니다. 미국의 경우 비공식 투자자들이 연간 1천억 달러 이상의 자금을 신생기업들에 투자하고 있습니다. 이들 중 50%는 가족 구성원, 28.5%는 친구나 이웃, 6.1%

는 직장 동료, 9.4%는 제 3자의 사업에 투자하고 있습니다.

GEM 연구에 의하면 미국 내 비공식 투자자들의 절반가량은 2년 이내에 자신의 투자금을 회수하고 싶어 합니다. 이는 투자에 대해 장기적인 지분 투자의 개념 보다는 단기 대출의 개념으로 접근한다는 것을 의미합니다. 대출이든 투자든 사업이 실패하면 모든 돈을 잃는다는 점에서 손실에 대한 리스크는 마찬가지입니다. 따라서 비공식 투자자들에게 이러한 리스크에 대해 사전에 정확히 알리는 것은 매우 중요한 문제입니다.

사전에 사업계획서도 읽어보게 해야합니다. 이들이 사업계획서를 제대로 읽지 않을 것을 감안하여 리스크에 대해서 충분한 이야기를 나누어야 합니다. 가족이나 친구의 돈을 투자받을 때는 투자금이 전부 사라진다해도 이들이 생계유지에 크게 영향을 받지 않을 것인지 분명하게 확인해야 합니다.

은행 대출에 비교해 이자도 적고 조건도 엄격하지 않기 때문에 가족이나 친구의 돈을 빌리는 것을 편하게 생각 할 수도 있지만 일이 잘 안풀릴 경우 이들과의 관계가 심각하게 틀어질 수 있음을 주의해야 합니다. 따라서 부모 형제와 같은 가까운 직계 가족으로부터 비교적 적은 금액의 돈을 받았다면 정식 대출 약성서는 필요하지 않을 수도 있시만, 최소한의 기록은 남겨야 합니다.

3F Family, Friend, Fool 같은 사람이 스타트업에 투자한다는 말이 있습니다. 사실 창업자들이 처음에 의지할 수 있는 사람이 가족이나 친구와 같은 주위 사람입니다.

② 정부정책자금

우리 정부는 성공적인 창업과 창업기업들의 지속적인 성장을 지원하기 위해 「중소기업창업지원법」 제5조에 따라 정부 창업지원사업을 진행합니다.

매년 예산이 증가하고 있으며 2020년에는 전년대비 29%가 늘어난 1조 4,517원이 창업지원을 위한 다양한 사업으로 투입됩니다. 총 16개 중앙부처에서 창업지원사업을 하는데 중소벤처기업부가 87%로 가장 높은 비중을 차지합니다.

지원사업 유형은 예비창업자에서 창업 후 7년 이내 창업자를 대상으로 하는 창업사업화에 7,315억 원이 배정되었습니다.

[2020 창업지원사업 규모]

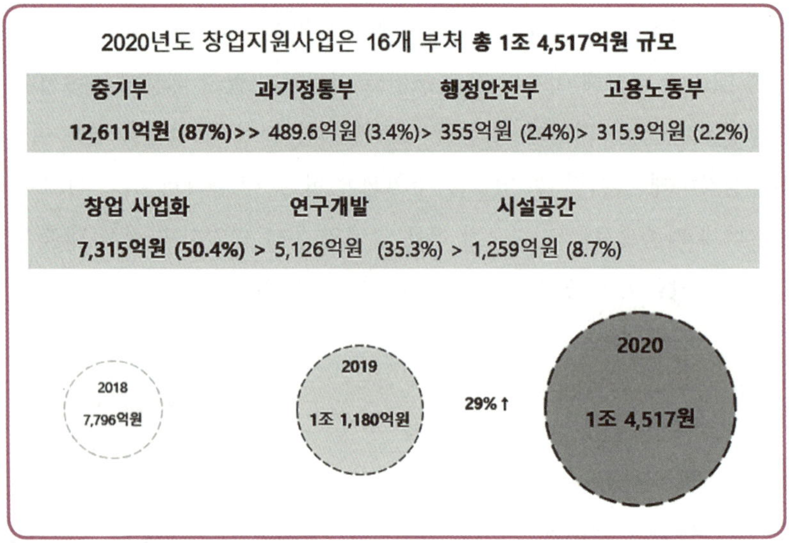

[k-startup.go.kr에 게시]

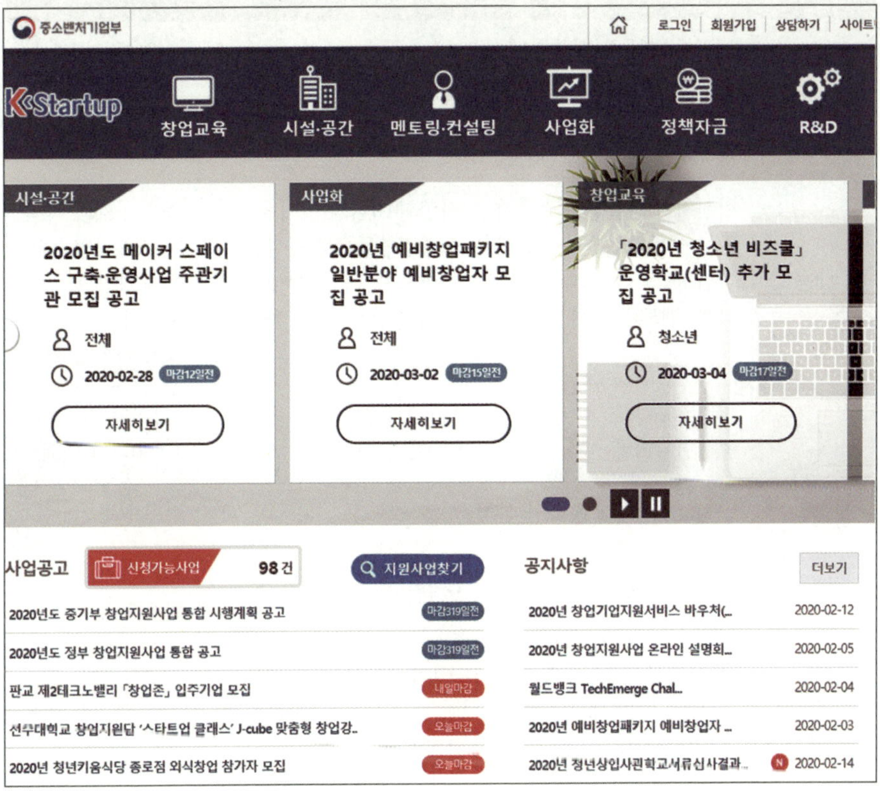

창업 사업화 지원금의 경우 성장단계별로 구분되어 창업자들에게 지원되며, 대표적인 지원사업은 예비창업자를 위한 예비창업패키지, 창업 후 3년 이내 창업자를 위한 초기창업패키지, 창업 후 3년 이상 7년 이내 창업자를 위한 창업도약패키지로 구분할 수 있습니다. 이 외에도 성장단계에 구분 없이 제공되는 많은 지원사업이 존재합니다.

성장단계별 지원사업			
대상	창업을 준비하는 예비창업자	창업 후 3년 이내	창업 후 3년 이상 7년 이내
과제명	예비창업패키지	초기창업패키지	창업도약패키지
내용	혁신적인 기술창업 소재가 있는 예비창업자의 원활한 창업사업화를 위해 자금, 교육, 멘토링 지원	사업화 자금과 아이템 실증검증등으로 구성된 특화프로그램을 통해 기업의 안정화성장을 지원	죽음의 계곡 극복 및 스케일업지원을 통해 사업 고도화, 성장 가속화 지원
규모	청년 660명 중장년 440명	1,075억 원, 980개사 내외	1,275억 원, 1,350개사 내외
신청접수	k-startup 통해 온라인 신청		
지원기간	8개월 ('20.4~'20.12)	9개월 ('20.5~21.1)	'20.2월부터 차례대로 공고
지원내용	• (사업화자금) 최대 1억이내 • (이자부담) 10% 현금+ 20%현물 • (지원내용) 역량 강화, 심화교육	• (사업화자금) 최대 1억 원 이내 • (자부담) 10% 현금+ 20%현물 • (지원내용) 사업화 자금 및 특화 프로그램	사업화지원 스케일업, 혁신성장 글로벌 기업연계 구글, 아마존, Nvidia연계 수출, 상장, 유통 등 성장촉진프로그램 지원
운영 절차	온라인 신청 및 접수 → 요건검토 → 서면평가 → 발표평가 → 최종선정 → 협약체결자부담, 사전교육수료		
비고	거주지, 창업예정지 상관없이 1개 주관기관에 한해 신청 가능	주관기관별 권역내 창업자 70 % 이상 선발	-

③ 엔젤투자 및 매칭펀드

스타트업이 정부에서 인증한 엔젤을 통해 투자를 유치한 경우, 그 엔젤 투자자의 자격 요건과 투자 유치 형태에 따라 최고 2.5배수까지 정부에서 시드 머니(Seed-money)를 지원하는 제도입니다.

정부가 창업 초기기업의 사업화 성공률을 높이기 위해 만든 제도이며, 창업자금이 부족한 스타트업은 초기 사업자금을 확보할 수 있는 매우 적절한 방법입니다. 따라서 스타트업 내의 CEO, 혹은 CFO는 꾸준한 네트워킹을 통해 투자 가능한 엔젤과 평소에 교류하는 것이 중요합니다.

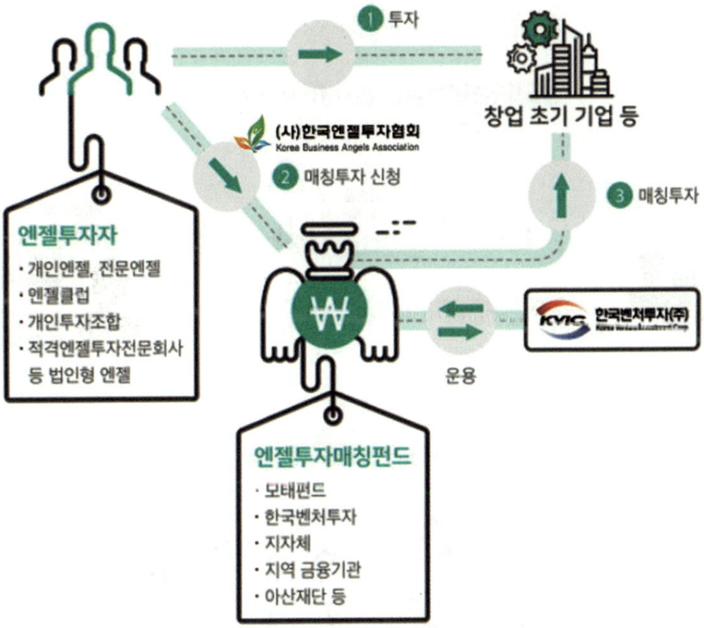

① 적격 엔젤 투자자가 스타트업에 투자를 합니다.
② ①의 투자자가 한국벤처투자(주)와 같은 펀드사에 가서 얼마만큼의 금액을 어떤 형태로 스타트업에게 투자했는지 심사를 받습니다.
③ ②의 내용을 심사하여 ① 투자금액의 최고 2.5배수를 스타트업에 투자합니다.

※ 정부가 스타트업 활성화를 위해 세금을 투입하는 펀드입니다.

④ 크라우드 펀딩

크라우드 펀딩은 군중 또는 다수를 뜻하는 크라우드(Crowd)와 자금조달을 의미하는 펀딩(Funding)을 조합한 용어입니다. 크라우드 펀딩을 통한 자금조달이란 창의적 아이템을 가진 초기 기업가를 비롯한 자금수요자가 중개업자의 온라인 플랫폼에서 집단지성을 활용하여 다수의 소액투자자로부터 자금을 조달하는 행위를 의미합니다. 대표적인 크라우드 펀딩사는 와디즈, 텀블벅, 네이버 해피빈 등이 있습니다.

펀딩의 유형은 1) 투자한 사람들에게 제품(서비스)을 제공하는 리워드형과 2) 비상장기업이 원하는 조건으로 투자를 받는 투자형 크라우드펀딩이 있습니다.

[크라우드 펀딩 운영도]

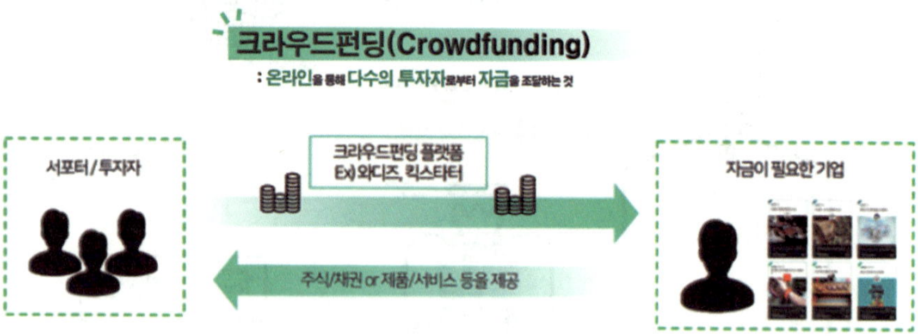

[크라우드 펀딩을 통해 제작된 영화]

⑤ 엑셀러레이터 (Accelerator)

엑셀러레이터는 발굴한 스타트업을 다양한 방식으로 지원해 스타트업의 성장을 목표로 하는 회사 또는 단체입니다. 엑셀러레이터는 단순히 투자만 하는 것이 아니라 스타트업의 전반적인 로드맵을 제시해주기도 하므로 창업기획가라고 불리기도 합니다. 대부분 수천만 원 단위의 초기 투자와 공간, 인력, 경영 등을 지원해 창업 실패율을 낮추고 후속 투자를 이끄는 역할을 합니다.

엑셀러레이터는 벤처기업육성에 관한 특별조치법에 따라 규정된 단체

카카오벤처스, 프라이머, 김기사랩, 안랩 등 인지도 있는 기업들도 잇달아 엑셀러레이터를 설립하고 있습니다. 또한 각 지역별 창조경제혁신센터나 대학 내 투자지주사도 엑셀러레이터에 참가하고 있습니다.

[주요 엑셀러레이터의 현황]

업체명	대표	특징	투자스타트업
프라이머	권도균	국내 1호 액셀러레이터 기관, ICT 중심투자	번개장터, 스타일쉐어, 마이리얼트립, 데일리호텔
퓨처플레이	류중희	기술기반 스타트업 투자	AB180, 넥스프레스
빅뱅엔젤스	황병선	비즈니스 에인절을 표방한 개인투자클럽	레진엔터테인먼트, 짐카, 소셜노트
씨엔티테크	전화성	AI, 빅데이터 스타트업 발굴	쿠캣, 혼밥인의만찬, 더맘마, 키위플러스
스파크랩	이한주	해외진출가능업체 중심투자	미미박스, 망고플레이트, 스타일워키

⑥ 벤처캐피탈(Ventue Capital, VC)

벤처캐피탈은 잠재력 있는 스타트업이나 벤처기업 혹은 중소기업에 투자하여 높은 수익을 얻는 회사입니다. 스타트업이 투자형 크라우드펀딩과 함께 가장 먼저 떠올리기 쉬운 민간 자금 조달창구입니다. VC의 수익모델은 M&A 또는 투자한 기업이 성장하여 거래시장에 주식을 공개(IPO)함으로써 자본이득을 얻어 수익을 올리는 데 있습니다. 2019년 현재 벤처캐피탈협회에 등록된 VC는 140곳이 존재합니다.

News Briefing

배달의 민족

‘배달의민족’을 운영하는 우아한 형제들이 국내 스타트업(초기벤처)의 보기 드문 엑시트(EXIT) 사례로 꼽히게 됐다. 2011년 창업한 회사가 10년도 안 돼 5조원에 가까운 기업가치 평가를 받으면서 미래를 내다보고 투자한 회사들이 잇따라 잭팟을 터트렸다.

덕분에 김봉진 대표에게 초기 자금 3억 원을 출자했던 벤처캐피털(VC) 본엔젤스는 2993억 원(지분 6.3%)의 가치를 인정받았다.
본엔젤스는 대통령 직속 4차산업혁명위원회 위원장을 맡은 장병규 크래프톤(옛 블루홀) 이사회 의장이 만든 회사다. 8년 전 3억 원 투자로 1,000배 가까운 이익을 거둔 셈이다.”

(출처: 이데일리 2019.2)

2. 투자계약서

사업을 시작할 때 투자는 큰 고민거리 중 하나입니다. 투자에서 문제가 생기지 않기 위해서는 창업 초기부터 투자기획서와 텀시트 등의 용어를 알아야 하고 투자 프로세스와 계약서 작성 방법에 대해 알아야 합니다.

투자를 받는 목적은 회사의 자금을 원활히 순환시켜 회사가 더 잘되게 하기 위함입니다. 그러나 종종 실제로 투자를 받고 상황이 안 좋아지는 경우가 있습니다.

		(소요기간)	(주체)
3~6개월	딜소싱, 사전검토	1주일~3년	담당 심사역
	IR	1일	투자사 임직원 전체
	투자검토보고서 작성	2주~1개월	담당 심사역
	투심위(투자심의위원회)	1일~1개월	투자사 임직원 전체
	실사	1주~2주	투자사 자체 관리팀, 또는 지정회계법인
	계약서 검토, 날인	1주~1개월	투자사 자체 관리팀, 담당심사역
	투자금 납입	1일	투자사 자체 관리팀
	사후관리	6개월~8년	담당 심사역, 투자자 자체 관리팀

급하다고 무리한 투자조건을 받아들였을 때 또는 무슨 뜻인지 모르고 받아들였을 때 문제가 생길 수 있습니다. 심각한 경우에는 투자자들의 과도한 경영간섭으로 창업자가 원하는 방향으로 끌고 나갈 수 없는 경우가 생기기도 합니다. 이러한 문제를 피하려면 먼저 최소한의 투자 프로세스의 일반적인 방법을 알아야 합니다. 이러한 투자의 바탕을 이루는 투자계약서 작성시의 주의점에 대해서도 알아봐야 합니다. 투자를 받는 이유야 매우 다양하고 많지만 결국 사업이 계속 유지되고 성장하기 위해서는 돈을 잘 지키는 것이 중요한 포인트입니다.

투자가 진행되는 첫 번째 단계는 창업자와 투자자의 만남입니다. 이 경우 투자자가 직접 아무 관계가 없는 상태에서 창업자에게 전화하는 경우와 창업자가 IR(Investor Relation)을 통해서 투자자를 만나는 경우입니다. 기업 탐방 또는 일대일 미팅을 몇 차례 진행하면서 Term Sheet이라는 중요한 단계를 거치게 됩니다. Term Sheet는 4~5장의 간단한 투자조건을 협의하는 것입니다. 투자계약서는 실제로 매우 두껍기 때문에, 실제 계약 단계 가기 전까지 여러차례 Term Sheet를 주고 받으며 투자에 대한 견해차를 좁힙니다. Term Sheet는 언제 얼마를 어떤 조건으로 한다는 기본적인 의사표현입니다.

따라서 이 과정이 매우 중요합니다. 나중에 계약단계에서 견해 차이가 너무 크면 이를 수정하기 위해 돌이켜야하는 시간이 너무 많기 때문에 Term Sheet 단계에서 서로의 견해를 확실히 하는 것이 좋습니다.

Term Sheet가 완료되면 이를 검토하는 투자심사에 들어갑니다. 투자 의향이 있다고 해도, 진짜 보고서 내용이 맞는지, 기술은 타당한지에 점검 후에 투자 심사를 진행합니다. 심사가 완료되면 실사를 진행합니다. 회계, 법무, 실무기술 각 분야로 실사가 진행되는데 이 과정에서 회사의 재무제표, 핵심기술을 오픈해야 하는 경우가 발생하는데 이 경우 회사 고유의 노하우 유지가 어려워질 수 있습니다. 그래서 IR 한다는 것은 다른 사람들이 우리의 기밀을 알 수도 있다, 그러나 알아도 우리가 계속 앞서 나갈 수 있다라는 자신감이 뒷받침되어야 가능합니다.

실사를 거치면 마지막 계약서를 작성하고 이사회 및 주주총회를 거쳐 계약서에 날인을 함으로써 모든 투자의 과정이 종료됩니다.

투자계약서 검토하기

투자자들이 알아서 작성해 줄거라는 마음으로 대충 확인해선 안 됩니다. 두꺼워도 꼼꼼히 읽고 사업과 경영에 너무 침해되는 항목이 있는지 대표가 직접 확인해야 한다. 예를 들어 우리회사가 1회 예산 사용 제한이 6천만 원이라 합시다. 그런데 투자자가 받아온 투자계약서에는 천만원 마다 보고서를 올리라고 기재되어 있다면, 창업가는 투자계약서에 기재된 대로 투자자에게 보고서 만들다가 시간을 낭비하게 됩니다. 투자계약서를 우리 회사에 사규에 맞게 수정해야 하며 계약전에 투자계약서를 미리 검토할 수 있도록 상대방에게 요청해야 합니다.

투자계약서에서 투자자가 창업자에게 콜옵션(call option) 또는 풋옵션(put option)을 요구하는 경우가 있습니다.

콜옵션은 투자자가 미리 정해진 조건에 주식을 매수할 수 있는 권리입니다. 콜옵션을 통해 최대 주주가 바뀔 수 있는 위험이 있으므로 주의해야 합니다. 콜옵션 행사조건(계약 체결일로부터 00일까지, 매출액이00억 원을 초과하지 못한 경우), 콜옵션 행사 한도(지분의 00%까지), 콜옵션 행사가격(1주당 00원)과 같이 항목을 창업자가 꼼꼼히 확인해야 합니다.

풋옵션은 콜옵션의 반대 개념으로 투자자가 미리 정해진 조건에 주식을 매도할 수 있는 권리입니다. 일종의 손해배상 청구나 투자금 회수 개념으로 이해하면 됩니다. 풋옵션의 기본 개념은 우리가 투자한 것을 어떤 조건에 맞지 않았을 때, 약속을 지키지 못했을 때 불법적인 행위를 했을 때 되돌려 받겠다는 의미입니다. 그런데 일반적으로 풋옵션이 만일 발동 되면 일반적으로 투자원금+패널티+복리이자로 배당하게 되어있습니다. 그러므로 풋옵션이 실제로 발동되면 회사가 굉장히 어려워질 수 있습니다. 그래서 실제로 내가 풋옵션이 발생했을 때 내가 이를 상환할 수 있는지가 중요하고 풋옵션이 발동되는 조건을 제한하는 것이 좋습니다. 어떤 약속을 못 지키거나 불법적인 행위를 했을 때 정도로만 제한을 둬서 발동요건을 완화하는 것이 매우 중요합니다.

투자계약서 검토 사항

- 사업과 경영을 과도하게 침해하는 조항이 있나요?
- 향후 M&A등 지배 구조 변경이 너무 쉽게 되어 있나요?
- 상환 조건은 어떻게 되어있나요?

투자계약서를 확인하는 것은 어려운 일입니다. 그렇지만 꼼꼼히 점검하지 않은 경우의 발생하는 손해는 스타트업의 창업자가 감내해야 하고 기업의 생존에 치명타를 안길 수 있습니다. 따라서 이 단계에서는 주변의 전문가(회계사, 변호사 등)에게 적극적으로 자문하여 진행하는 것이 바람직합니다. 지역의 경제진흥원, 창조경제혁신센터, 창업보육센터 등을 활용하면 전문가 연계가 가능합니다.

3. EXIT전략

창업도 하지 않았는데 무슨 출구전략을 배워야 하나라는 생각이 들 수 있습니다. 그러나 출구전략에 대한 비전이 구체적이고 현실적으로 있어야 창업자들도 돈을 벌고, 투자자들은 창업자들을 보면서 수익을 예상하고 투자를 할 수 있기 때문에 창업 초기부터 출구전략에 대해 고민하는 것은 매우 중요합니다. 좀 더 쉽게 설명하면 EXIT전략은 스타트업의 장래희망과 같은 것으로, 명확한 장래 희망을 갖고 그 꿈을 이루기 위해 움직이는 스타트업이 투자자에게 매력적인 기업, 투자하고 싶은 기업으로 보일 것입니다.

M&A를 통한 출구전략 사례

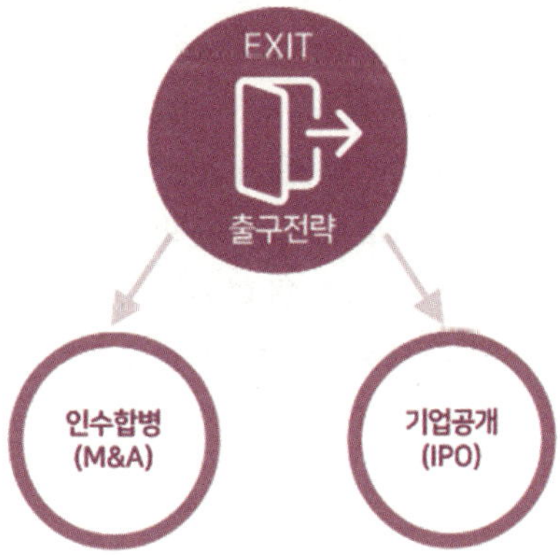

배달의 민족은 손에 꼽히는 EXIT 사례입니다. 독일계 회사 딜리버리 히어로는 국내 배달앱 2,3위를 차지하는 요기요와 배달통을 제공하는 기업인데, DH가 우아한 형제들을 인수하며 국내 상위권 배달 앱 업체를 모두 보유하게 되었습니다. DH는 우아한 형제들의 기업가치를 약 4조 7,500억원으로 평가했으며 우아한 형재들의 지분 87%를 인수하고, 우아한 형제들의 경영진이 보유하는 나머지 13%도 DH 본사 주식으로 전환하는 방식으로 인수하여 우아한 형제는 DH의 100% 자회사가 되었습니다.

일반적으로 회사를 매각하는 개념의 인수합병(M&A) 또는 IPO(유가증권 또는 코스닥 시장에 기업공개)가 출구전략이 됩니다. 미국 실리콘밸리에서는 M&A와 IPO가 활발하게 이루어져 창업자와 투자자가 투자금으로 회수하고, 이들 중 상당수는 재창업을 하거나 다시 투자하는 선순환 구조로 되어 있습니다.

또 다른 출구전략 유향은 기업공개(IPO)입니다. 기업공개란, 기업이 상장하기 위해 기업의 주식, 경영 내용, 재무 상태 등을 일반인에게 최초로 공개하는 것을 의미합니다. 투자자들은 기업의 전반적인 재무 상태를 투명하게 확인할 수 있으며, 신뢰성이 보장된 안전한 거래를 할 수 있습니다. 기업은 여러 사람에게 회사의 주식을 공매함으로써 자금을 확보함과 동시에, 스타트업에서 졸업하고 일반기업으로 진입하게 됩니다.

IPO를 통한 출구전략 사례

	2016	2019
주당 가격	8,000원	46,050원
기업 가치	9,000만 원	1,814억 원

아톤은 보안솔루션과 간편 인증 서비스를 개발하는 회사입니다. SK텔레콤, KT, LG유플러스와 PASS 휴대폰 인증 서비스를 개발하고, KB국민은행, IBK기업은행 등 주요 금융사에서 비대면 인증과 보안 솔루션을 제공합니다. 2016년 3월 와디즈에서 투자형 크라우드펀딩 진행 당시 주당 8,000원으로 9,000만 원의 자금을 조달했을 당시 216억 원의 기업가치를 인정받았었습니다. 2019.10월 아톤은 코스닥 시장에 성공적으로 상장하였는데, 상장후 시가총액이 1,814억으로 약 8.4배가 올랐으며, 주당 가격은 46,050원으로 올랐습니다. 투자자로서 3년 반만에 475%의 수익률을 달성한 셈입니다.

국내의 출구전략 현황

정부에서 다양한 지원과 서비스를 제공하여 창업 생태계를 구축하고 있지만 국내의 스타트업의 엑시트는 다소 부진한 편입니다. 2018년 기준 한국의 엑시트는 9건으로 미국의 928건, 중국 68건에 비해 현저히 낮은 건수를 보입니다.

창업생태계가 활성화되어있는 미국은 M&A와 IPO가 활발하게 이루어져 투자 자금 회수 비율이 높습니다. 2018년 미국의 엑시트 규모는 약 150조원이었으며, 이 중 44.5%(약 66조 9060억 원)가 M&A를 통해 이루어졌습니다. 구글, 마이크로소프트, 시스코시스템즈와 같은 굴지의 대기업들이 적극적으로 인수합병에 나섰기 때문입니다. 인수합병을 통해 인수한 대기업들은 스타트업의 경험을 통해 신사업분야에서 비용을 절감하고 빠르게 적응하여 기업의 성장동력을 계속 유지해 나가고 있습니다.

반면에 국내는 정부가 다양한 지원과 서비스를 제공하며 창업 생태계를 구축하고 있지만, 스타트업에 대한 투자회수율이 높지 않습니다. 국내의 스타트업 인수합병은 정말 드물게 나타나며 IPO 또한 많지 않은 편입니다. 인수합병 활성화를 통한 투자금 회수와 벤처 생태계 활성화가 중요한데 이를 위해서는 우리 사회가 인수합병에 대한 부정적 시선을 완화하는 것과 대기업이 인수합병에 활발히 나서는 것도 중요하지만 초기 창업단계에서부터 창업자들이 엑시트에 대한 구체적인 계획을 갖고 움직이는 것도 필요합니다.

2020년 한국 벤처캐피탈협회에 따르면 2019년 VC 회수시장에서 M&A를 통한 투자금 회수 규모는 73억 원이었으며 이는 전체 1조 643억 원의 0.68%에 불과합니다. 벤처기업들에 대한 신규 투자규모는 사상 최대치를 경신하고 있지만 투자 회수실적은 다소 낮은 상황입니다.

엑시트는 스타트업 생태계 선순환을 위해 꼭 필요한 단계입니다. 엑시트를 통해 창업자는 안정적인 운영자금을 마련하거나 기존의 성장을 더욱 가속할 수 있으며, 인수합병을 통해 인수한 기업은 많은 시간과 비용을 절약하여 사업을 확장하거나 새로운 사업 분야에 안정적으로 진입할 수 있습니다.

4. 사례로 살펴보는 창업_투자와 투자회수

회사명	㈜키즈노트
창업일	2015년 4월
대표자	• 최장욱 (국민대학교 경영학과 학사) • 김준용 (아주대학교 사학과)
사업아이템	원 홈페이지 서비스, 어린이집 알림장 서비스, 안심 승하차 서비스, 어린이집 전자출결
실적	• 연 매출 40억 2,794만 원(2018) • 전국 어린이집/유치원 가입비율 83% • 앱 누적 다운로드 수 238만 건 • 총 가입자수 170만명 (13.03~18.06현재) • 누적 작성 알림장수 1.9억 장, 누적 사진 9.7억 장 • 다음카카오가 키즈노트의 지분 100%인수하여, 자회사로 편입 (2015)
주요사항	• 키즈노트는 유치원 · 어린이집 교사가 PC나 스마트기기로 아이의 일상, 식단, 사진, 기타 공지사항 등을 등록하면 실시간으로 부모가 모바일 기기로 확인할 수 있는 서비스 • 아동 실종 예방, 유괴 예방 등을 위해 남양주경찰서, 초록우산 어린이 재단과 협약

키즈노트는 스마트 알림장이라는, 작지만 기발한 아이디어 하나로 국내 영유아 보육환경을 크게 바꿔놓고 있습니다.

키즈노트는 최근 몇 년간 전국의 어린이집과 유치원에 속속 도입되고 있는 '스마트 알림장'이라는 새로운 서비스로 기존의 종이 알림장을 빠르게 대체하며 바야흐로 대세로 자리매김하는 중입니다. 일본, 미국, 호주, 중국, 베트남, 말레이시아, 체코 등 세계 7개국 한인 어린이집을 포함 전세계 53,388개 어린이집 사용 중이며 가입자 증가 추세 못지않게 서비스 활성화의 속도도 놀랍습니다. 사용자 재방문율은 99%에 달하고 20만 명의 학부모들이 매일 평균 3번씩 방문하는 인기 서비스인 것입니다.

부모의 마음으로 만든 것이 성공 요인

세계 최초의 스마트 알림장 키즈노트는 백신 연구소 ㈜안랩에서 특급 개발자로 일하던 최장욱 대표의 창업아이템입니다. 어린이집에 다니는 딸의 책가방에 담겨 있는 종이 알림장을 보고 '모바일로 바꿀 방법은 없을까'를 고민한 것이 계기였고 프로토타입을 만들어 딸이 다니던 어린이집에서 첫 테스트를 진행했으니 일상의 불편함을 발견한 아버지가 부모의 마음으로 만든 전형적인 생활밀착형 서비스라 할 수 있습니다.

그 결과로 탄생한 키즈노트는 부모, 교사, 원장의 세 주체가 모두 필요로 하는 서비스라는 평가를 받고 있습니다. 그동안 많은 맞벌이 부부들은 저녁에 종이 알림장을 보기 전까지는 아이의 하루 활동을 알 수가 없지만 이제는 아이가 감기약을 복용했는지, 밥은 제때 챙겨 먹었는지 스마트폰으로 즉시 확인할 수 있어 안심입니다. 준비물도 미리미리 챙겨둘 수 있어 편리하고 교사 입장에서도 장점이 많습니다. 손으로 알림장을 작성하는 불편함이 사라져서아이 한 명당 평균 7분 정도 걸리던 알림장 작성 시간도 약 2분으로 줄어듭니다. 부모가 알림장을 확인했는지, 공지사항은 잘 전달되었는지, 전화로 일일이 물어보는 번거로움도 없애줍니다. 원장 역시 홈페이지 운영 등 어린이집 업무 전반을 스마트폰으로 해결할 수 있어 좋습니다. 사진과 댓글로 쌍방향 소통이 가능한 키즈노트는 어린이집의 신뢰도와 선호도에도 큰 영향을 끼치기도 합니다. 실제로 인천의 한 어린이집의 경우 키즈노트를 도입한 뒤 학부모들 사이에 입소문이 퍼지면서 대기원생 수가 3배로 늘었다고 합니다.

투자 유치의 성공사례

키즈노트의 사업 잠재력을 가장 먼저 알아보고 성공의 길로 이끌어준 것은 바로 선배 벤처기업인이었습니다. 창업 석 달만인 2012년 7월, 카카오의 김범수 의장이 출자한 엔젤투자사 '케이큐브벤처스'가 3억 원을 투자합니다. 하지만 무료서비스로 진행되는 키즈노트는 적절한 수익모델을 찾지 못해서 투자를 받은 이후에도 많은 어려움을 겪어야 했습니다. 자칫하면 아까운 기술이 사장되는 최악의 경우도 배제할 수 없는 환경이었습니다. 하지만 스마트 알림장 서비스가 빠르게 성장하는 것을 지켜본 케이큐브는 2014년 4월 키즈노트에 대한 5억 원의 후속투자를 결정했고, 같은 시기에 키즈노트는 민간투자주도형 기술사업화 지원(TIPs프로그램)에 선정되어 5억 원의 정부 출연금을 받게 됩니다. 창업 2년간, 총 10억 원이라는 거액의 자금을 확보하면서 더욱 탄탄한 서비스 운영 및 확장이 가능해진 것입니다.

대기업을 넘다

다음카카오는 2015년 1월에 키즈노트의 지분을 100% 인수합니다. 카카오 입장에서는 기술과 시장에서 경쟁우위를 가진 키즈노트를 인수해 기존 커뮤니케이션 플랫폼을 강화하고 신규 서비스 영역인 O2O비즈니스를 확대하고자 함이었습니다. 자회사로 편입된 키즈노트 입장에서는 다음카카오의 플랫폼을 활용함으로써 더 많은 어린이집과 유치원에 안정적으로 서비스를 제공할 수 있게 되었습니다. 이후 카카오 키즈노트는 남양주경찰서, 초록우산 어린이 재단, AJ네트웍스 등 다양한 기관 및 기업들과 업무협약을 체결하고 실종 예방 서비스, 전자출결 서비스, 스쿨버스 안전 승하차 서비스 등 다양한 서비스로 확장합니다.

(출처: 중소기업 성큼성큼. 2013.)

Q 청년창업펀드가 뭐예요?

A 성공 벤처기업 등과 공동 출자('14년 2,918억 원)하여 청년 창업 기업(창업 3년 이내)에 전문적으로 투자하는 펀드입니다. 예를 들어, 카카오라는 민간기업이 매칭된 투자조합은 '카카오 청년창업펀드'이고 케이큐브벤처스라는 투자회사에서 운영합니다.

☎ 문의 : 042-481-4419

Q 민간투자주도형 기술사업화 지원(TIPs프로그램)은 뭐예요?

A 세계시장을 선도할 기술 아이템을 보유한 유망한 창업팀을 민간주도로 선발하여 엔젤투자에 정부 지원을 매칭하여 집중적으로 육성하는 프로그램입니다.

구분	Pre-TIPS	TIPS	Post-TIPS
규모	('20년) 30억원, 30개팀 내외	('20년) 1,777억원, 300개팀 내외	('20년) 144억원, 40개팀 내외
대상	투자사로부터 1천만원 이상 투자를 받은 3년 미만 초기 창업기업	7년 미만 창업기업	7년 미만 창업기업
내용	사업 아이템 구체화를 위한 사업화 자금 지원 • 1년간 최대 1억 지원	팀당 R&D, 사업화, 해외마케팅 등 패키지 지원 • 엔젤투자(1~2억원 내외) + R&D(최대 5억원) + 연계(사업화, 해외마케팅 각 최대 1억원) + 추가연계(엔젤투자매칭펀드 최대 2억원 선택)	제품·서비스의 상용화(사업화) 또는 국내외 마케팅 (판로확대 등) 등 사업 고도화를 위한 자금 지원 • 2년간 최대 5억원 지원 (팁스 최종평가 결과 "성공" 판정받은 기업 중 후속민간투자 10억원 이상을 유치한 졸업기업)
신청·접수	K-Startup 홈페이지를 통한 온라인 신청·접수	www.jointips.or.kr에서 운영사를 선택하여 신청하거나 운영사에 직접 신청	K-Startup 홈페이지를 통한 온라인 신청·접수

사례

- (주)티앤알바이오팹은 3D 바이오프린디 기술을 개발
- '15년 TIPS 프로그램에 선정되어 R&D, 해외마케팅 자금 등을 수혜
- '19.11월 기준 135억원의 후속투자를 유치
- '18.11월 코스닥시장에 상장

☎ 문의 : 042-481-4498

생각 나누기

1. 사업을 시작하려면 얼마나 많은 자금이 필요할까요?
2. 정부와 민간에서는 창업활성화를 위해 다양한 정책과 지원을 하고 있습니다. 앞서 살펴본 TIPS외에 어떤 투자 지원들이 스타트업을 위해 진행되는지 더 찾아봅시다.

CHAPTER

10

한국의 기업가정신 사례

1. 한국의 시대별 기업가정신의 특성을 알아봅니다.
2. 한라그룹 창업주 운곡 정인영 회장의 경영철학과 이념을 통해 한국형 기업가정신을 이해합니다.
3. 4차산업혁명을 앞두고 우리들이 지향해야 하는 기업가정신의 방향에 대해 알아봅니다.

1. 한국 기업가정신의 역사와 특징

미국의 잉크매거진 편집장인 조지 젠드론이 경영학의 시조 피터 드러커에게 “기업가정신 발휘에 있어서 세계 최고는 역시 미국이 아닙니까”하고 물었을 때 드러커는 이렇게 대답했습니다.

“그렇지 않다. 그점에 있어서 세계 제일은 의문의 여지없이 한국이다.”

한국의 수출은 1964년 1억 달러에서 2011년 5천억 달러를 넘는 성장을 보였는데 이는 한국 기업인들의 기업가정신을 잘 나타내고 있습니다. 인류 역사상 이런 경제 기적을 창출할 기업가정신은 과거는 물론 앞으로도 없을 것이라고 합니다. 사실 저개발국가에서 50년도 되지 않아 선진 공업국으로 도약한 한국경제의 발전 과정은 놀랍습니다. 부존자원은 물론이고 산업 인프라도 없고, 자본과 기술, 경험도 없는 상태에서 철강, 정유 · 화학, 기계, 전기, 전자, 자동차, 조선 등 거의 모든 제조업 분야에서 국제경쟁력을 갖춘 나라로 발전한 것은 기적이라고 밖에 할 수 없습니다.

이러한 한국경제의 기적은 저변에 우리 국민의 높은 근면성과 교육열이 있었기 때문에 가능했습니다. 인적 자원 외에는 사실상 아무것도 내로라할 게 없는 상태에서 선진 공업국으로 도약한 데에는 창업 1세대의 기업가정신도 그 역할을 했습니다. 산업 인프라와 자본, 기술을 제대로 갖춘 선진국 기업들도 감히 하지 못한 대규모 투자를 무모하다 싶을 정도의 도전정신으로 불모지(不毛地)환경에서 감행한 것과 온갖 시련을 혁신적인 발상으로 극복하면서 성공에 이른 과정은 삼성, 현대, LG, SK, POSCO 한라 등 창업 1세대들의 도전과 성취의 과정으로 말할 수 있습니다.

대한민국 창업 1세대의 기업가정신은 이미 존재하는 생산요소들을 새롭게 해석해 신제품을 만들거나 또는 혁신적인 방식으로 재결합해 부가가치를 높이는 차원의 것이 아니었다. 자본, 기술, 주변 인프라, 경험과 같은 주요 생산요소가 부족한 상태, 즉 사실상 무(無)에서 산업을 만들어내는 그런 정신이었습니다.

기업가정신은 경제발전과 사회발전에 가장 핵심적인 요소입니다. 산업화에 필요한 기술과 자본, 부존자원이 부족했어도 선진국 반열에 오를 수 있었던 것은 진취적인 기업가정신이 왕성하게 발현되었기 때문입니다. 앞으로 우리나라가 10대 경제 대국으로 발전하고, 더 잘 살려면 기업가정신이 계속 확산되어야 합니다.

다음 절에서 우리는 1세대 기업가정신의 대표적인 창업가이자 대한민국 중공업의 초석을 마련한 운곡 정인영 회장의 사례를 살펴봄으로써 한국 기업가정신의 특색을 더욱 자세히 알아봅니다.

표 10-1 1, 2, 3세대 기업가정신 특성비교

구분	1세대 기업가정신	2세대 기업가정신	3세대 기업가정신
세대별 시기	1960–1980년대	1990–2000년대	2010년대
핵심주역	대기업	벤처기업	대기업/벤처기업/소셜벤처
추구하는 가치	경제발전	경제–기술발전	경제–기술–사회 발전
기업가적 목적	국가발전/수출증대	기술사업화/부의축적	경제적/사회적 가치
정부역할	주도자 Initiator	촉진자 Promotor	지원자 Facilitator/Supporter
목표성과	수출액/규모/수익률	창업률, 상장, 성장률	문제해결/만족도/지속성장
기업가세대	1920~50년대 생	1950~80년대 생	1950~90년대 생
주력산업	소비재/중화학공업	IT/첨단기술/인터넷	융합/모바일/사회서비스
창업동기	생계유지형	기회추구형	생계유지/기회추구/사회공헌형
생태계	집중육성 재벌	확장육성 Sprout	창발/확산 Rippling
기업가	의지기반, 도전	경력기반, 개인성취	사회적가치/목적기반, 다양한 대안과 이해관계자
자원	정부정책지원 (제도/자금)	정부육성자금, 벤처캐피탈	다양한 자금원천, 보조금, 사회적금융, 대단, 개인
기회	모방/개선 Catch–up	개선/혁신 Improvement	혁신/융합 Inovation

(출처 : 배종태, 라준영, 2012, 제3세대 기업가정신과 소셜벤처 육성방안)

2. 운곡 정인영의 기업가정신

"내가 필생의 신념으로 지켜온 정도경영은
버릴 수 없는 유산으로
한라와 한라인들의 정신이 되어
장구히 그 맥을 이어갈 것이다"

운곡 정인영은 1920년 강원도 통천군 송전면 아산마을에서 태어나 초창기 한국 중공업사의 기초를 다진 경영인이었습니다. '중공업 발전 없이는 경제 발전을 이룩할 수 없다'는 일념으로 1962년 현대양행을 설립한 정인영은 1969년 안양공장에서 자동차 부품을 생산하면서 한국종공업 신화의 서막을 열었습니다. 이후 현대양행은 군포공장에서 국내 최초 굴삭기, 불도저, 덤프트럭, 크레인 등 건설 중장비와 각종 산업설비, 공작기계 등을 만들어 국내외 공급함으로써 중공업의 기틀을 세웠습니다. 정 명예회장은 우리 플랜트 산업의 기반도 닦았습니다.

현대양행은 1977년 사우디아라비아에서 지잔 시멘트 플랜트 공사를 턴키 베이스(turn-key)로 수주했고 파라잔 담수화 시설, SAFCO 황산공장 건설 수주에도 성공했습니다. 이를 통해 한국의 플랜트 메이커들은 중동시장에 진출할 수 있는 교두보를 마련했다는 평가를 받고 있습니다. 불굴의 도전적 기업가였던 정 명예회장은 정도경영을 중시했으며, 한라대를 설립하여 인재육성에 큰 관심을 기울였고 환경 플랜트 건설로 환경보전에도 앞장섰습니다. 이러한 관점에서 볼 때 운곡 정인영의 그의 기업가정신은 도전과 개척정신, 창의와 혁신, 동체 · 인간 관계 중시와 사업보국으로 요약될 수 있습니다.

도전과 개척정신

운곡은 도전과 개척정신으로 점철된 삶을 살았다고 할 수 있습니다. 그는 80 평생을 살아오면서 숱한 고비를 겪었습니다. 1962년 현대양행의 설립 1980년 신군부정부에 현대양행을 강탈 당한 후 무에서 다시 한라그룹을 재건한 것, 중공업 왕국의 꿈을 이루기 위해 전남 영암 삼호중공업 건설등 그의 도전과 개척정신을 한국의 기업가들을 포함한 모든 이에게 귀감이 됩니다.

창의와 혁신

운곡은 일찍부터 창의성을 갖고 기술의 전수, 흡수 및 신기술개발의 조직학습 과정을 강조하고 실천했으며, 특히 이를 위해 미국 롱아일랜드 대학에 우리나라 선두그룹에 서서 인재양성을 위한 과정을 개설하는 등 인재양성에 앞장서 한국경영자의 창의성 개발의 모범을 보였습니다.

군포공장은 첫 주물공장을 가동한지 불과 7년만에 국내업계를 선도하는 비약적 성장을 이루었습니다. 또한 인천조선에서 부지의 한계로 정상적인 도크시설이 불가능한 상황에서 창의적인 아이디어로 '플로팅 도크(Floating Dock)' 아이디어를 제안하여 야드에 레일을 깔고 배를 옆으로 밀어 바다로 진수시키는 형태의 혁신을 선도하였습니다. 운곡은 조선을 전공한 사람은 아니었지만 선진국 조선소 견학을 바탕으로 그만의 창의적인 방법으로 조선 기법을 발전시킨 것입니다.

공동체 · 인간관계중시

운곡은 인(仁)의 정신을 기업경영에서 모범적으로 실천하였습니다. 운곡은 임원들을 정월 초하루에 자신에 집에 초대하여 함께 식사를 하고 파푸아뉴기니에서 근무하는 직원들에게 김치를 보내기도 했습니다. 기업차원에서는 인간존중과 자율성을 바탕으로 체계적 인사관리를 도입했습니다. 인간존중을 실현하기 위해 고객, 하청업체, 그리고 이웃과의 좋은 관계를 강조했습니다. 즉, SCM(Supply Chain Management)의 상생정신을 통한 이웃과의 좋은 관계가 기업의 목적달성에 중요하다고 여긴 것입니다.

"5천억 원 아니 5천억불이 있으면 무슨 가치가 있습니까. 마음의 평화가 없다면 한 푼의 가치도 없다고 생각합니다. 결국 기업인은 항상 고객이나 하청업체 그리고 이웃과 좋은 관계를 가지고 마음의 평화를 유지해야합니다. 마음의 평화 없이는 어떠한 사업도 성취하기 어렵다고 생각합니다."

사업보국

사업보국에 대한 의지는 투철한 민족주의 신념과 나라잃은 젊은 시절의 쓰라린 경험으로부터 비롯되었습니다. 운곡의 사업보국은 정부의 중공업정책에 적극 참여함으로써 구현되었습니다. 운곡은 당시 단일공장으로는 세계최고 수준인 창원종합기계공장 건설에 착수하였고, 이 공장은 수력 화력 원자력 발진용 실비를 제작하는 것은 물론 제철 석유화학 시멘트 담수화 관련 설비를 제작하는 '공장을 만드는 공장'이었습니다. 1991년 운곡은 중공업 발전에 기여한 공로를 인정받아 금탑산업 훈장을 받고 서울신문에 밝힌 수상소감에서 사업보국의 뜻을 다음과 같이 밝혔습니다.

"중공업 외길만을 걸어온 지난 30년 동안의 행적이 새삼스럽게 떠오릅니다. 기업인으로서 앞으로 좀 더 열심히 올바르게 활동해서 국가와 민족에 기여하라는 뜻으로 상을 주는 것이라고 생각합니다. 한라가 하는 일거일동이 국가와 사회의 발전에 도움이 되도록할 것입니다"

1995년에 그는 우수한 기술인력의 양성을 통해 국가발전에 기여하겠다는 확고한 육영의지를 가지고 원주에 한라대학교를 세웠습니다. 기업 이윤을 사회에 환원시키는 방안의 일환으로 인재 육성을 통한 교육 사업에 참여했습니다. 인재 육성에 대한 그의 애착은 사업의 최종목표가 이윤 추구가 아니었음을 보여줍니다. 그는 임원들에게 한라대학교의 중요성을 인식시키는 말을 남겼습니다.

"한라대학교는 한라의 여러 계열기업들보다도 한라그룹에 있어서는 가장 보람스러운 사업임을 인식해야합니다. 물론 보람있는 대학으로 면모를 갖추기 위해서는 앞으로도 단계적으로 나누어서 추가 투자는 해야하지만 육영사업이라는 것 자체가 물적 가치로만 산정할 수 없는 것입니다."

3. 운곡 정인영의 경영이념

경영이념(Management Greed/Management Ideology)은 창업자나 전문경영자가 기업경영에 대해 갖는 정신적 지주, 기본적 가치, 실천적 행동지침, 신념, 태도 등의 도덕적 및 윤리적 기준을 말합니다. 따라서 경영이념은 대개 사훈, 좌우명, 사시, 경영철학, 창업이념 등 정신적 가치관과 경제 환경 변화에 대응하는 미래지향적 경영행동 실천 강령 등 여러 형태로 표시됩니다. 그러나 경영이념으로 인정받기 위해서는 경영자의 개인적 신조 명시, 기업경영 활동의 방향설정 명시, 경영권 행사의 기본적 지침 명시 등으로 나타나야 합니다.

반면 창업이념은 '창업주로 하여금 창업에 이르도록 결단을 내리는 토대가 되는 철학 혹은 정신'을 의미한다. 즉 창업이념이 기업을 세우는 원동력이라면, 경영이념은 '계속 기업'으로서 기업을 존속시키고 경영함에 있어서 그 목표와 전략을 형성하는 정신적 기반 즉 경영철학을 말합니다.

이번 절에서는 운곡 정인영 회장이 기업가정신을 바탕으로 기업을 존속시키기 위해 어떤 경영 철학으로 기업경영에 임했는지 살펴봅니다.

정도경영

"오랜 시간 동안 각종 규제는 부정부패의 온상이 되어왔습니다. 일이 안 되는 방향으로 만들어 놓은 많은 장치를 뚫고 나가자니 검은 돈이 움직일 수밖에 없었습니다. 그런 모델이 생기면 너나없이 그 방법을 추종했습니다. 그러나 검은 돈을 받는 자들의 입장에서는 규제를 풀고 싶을 리가 없지요. 나는 그 모델을 따르지 않겠다는 신념을 지키다 현대양행을

빼앗겼습니다. 현대양행을 빼앗기고 재기하는 과정에서도 규제로 인한 걸림돌은 수 없이 많았습니다. 그러나 나는 그때마다 정면 돌파를 시도했습니다. 그러자니 엄청난 시간이 필요했고 주위에서는 우리도 로비를 해서 난관을 극복하는 게 어떠냐고 권유했었습니다. 그러나 나는 단호하게 반대했습니다."

자서전의 어록에서 볼 수 있듯이 운곡은 자신의 젊은 시절에 열정을 바쳤던 현대양행이 신군부에 빼앗기는 상황에서도 로비와 같은 부정한 방법을 사용하는 것을 거부했습니다.

의(義)는 유학의 오상(五常) 인의예지신(仁義禮智信)의 두 번째 덕목으로 의로운 것을 지칭합니다. 유학 '의'는 의롭지 못한 것은 단기적으로 잘 나가는 것처럼 보이더라도 결국에는 실패로 끝나게 된다는 교훈을 강조합니다. 이 덕목은 운곡의 경영이념에서 정도경영으로 발현되었고 한라그룹을 다른 그룹과 가장 차별화시켜주는 경영이념이 되었습니다.

정도경영이란 사업과정에서 뇌물을 공여하지 않고 공정한 경쟁과 기업 윤리를 지키는 것을 말하는데, 그는 정도경영을 사업 시작할 때부터 이를 철학으로 지켜왔습니다. 정도경영은 운곡에게서 모든 것을 희생해서라도 지켜야 할 신념이었고 가치였습니다. 그는 이를 1996년 도덕경영실천결의대회에서 반영하고, 높은 수준의 도덕성뿐만 아니라 환경과 자연보호에도 기여하는 당당한 기업이 되기를 당부했습니다.

글로벌경영

"우리는 한라의 로고가 5대양 6대주를 누비는 세계적 로고가 되어 다음 세대에 자랑스럽게 내보일 수 있는 긍지의 상징이 되도록 다함께 노력해 주시기 바랍니다."

한라그룹21세기 비전의 핵심은 세계초일류기업을 지향하여 인류사회에 기여하는 것 입니다. 오늘 날에 각 산업 또는 업종에서 살아남기 위해서는 글로벌경영은 기업의 필수적 과제입니다. 운곡은 이미 그의 유소년기에 한학과 영어공부에 매진하고, 일본유학 시절에는 영문학을 공부함으로써 동양의 문화와 사상 그리고 서양의 문화와 사상을 다양하게 접했고 누구보다 앞서 글로벌 마인드를 갖춘 인재였습니다.

영어에 정통한 덕택으로 그는 해방 후 첫 직장을 언론인으로 시작하여 주한 외교관들을 상대로 취재하면서 글로벌 경험을 축적했습니다. 해방 후 운곡은 동아일보 사회부 기자로서 사회생활의 첫 발을 내딛었는데 원로 언론인 오소백씨는 한 칼럼에서 '영어와 일어에 능통하여 동료 기자들의 부러움을 샀다'고 고백한 적이 있습니다. 탄탄한 외국어 실력은 훗날 그의 글로벌 경영의 초석이 됩니다.

피난시절에도 주한미군의 통역관으로서 그의 형의 건설사업에 큰 도움을 주었을 뿐 만 아니라 현대건설 부사장 때부터 젊은 사원들에게 "우리나라는 좁아. 해외로 나가야 돼."라고 자주 밀하며, 후배들에게도 글로벌 경영 이념을 강조했습니다. 해외 수주를 감안하고 지은 창원공장은 물론, 1960년대 초 안양공장 양

(출처: http://jmagazine.joins.com/forbes/view/312054)

식기 공장은 애초부터 수출을 염두에 두고 일반인의 상상을 초월한 규모의 공장을 지어 규모의 경제를 추구하였습니다. 또한 1960년대 초 국내 최초로 태국 고속도로공사를 따내는 등 협소한 국내 시장을 탈피하여 해외시장의 개척자로서 나섰으며 국제적인 자금조달과정에서 유머를 이용한 뛰어난 협상력을 보임으로써 글로벌경영능력을 선보입니다. 한라건설이 수주한 사우디아라비아의 지잔시멘트 공장 건설은 우리나라 최초의 턴키 수주방식을 통해 이루어졌습니다. 이는 해외 플랜트사업을 해야만 기업도 크고 국익에 도움이 된다는 그의 글로벌 경영이념이 있었기에 가능한 것이었습니다.

인재경영

"우리가 하고자하는 일들은 전부가 우리 대한민국에서는 처음으로 하려는 일들입니다. 그래서 우리가 필요로 하는 경험 있는 인재들은 대한민국에서는 구할 수가 없습니다. 우리는 우리가 필요로 하는 수많은 사람들을 우리가 훈련해 가면서 일해야 합니다."

운곡은 세계화 · 개방화 시대에 기업 최대 자산이 사원들의 자질에 있고, 기업과 국가 경쟁력도 여기에서 결정된다는 그의 경영철학으로부터 인재중심경영을 지속적으로 추진했습니다.

1970년대에 군포공장의 본격가동, 창원공장 건설의 진척, 중동진출 등 사세의 급성장에 따라 현대양행은 많은 수의 전문기술인력, 기능 인력과 관리요원이 필요하게 되자 운곡은 대규모로 신입사원과 경력사원을 채용하였습니다. 자체 직업훈련소를 통한 기능 인력의 양성에도 힘써 1978년 개소한 창원공장 직업훈련소는 3층 건물로 연면적 약 4,000평에 최신의 실습장비와 500명을 수용할 수 있는 기숙사 시설을 갖추고 인재양성에 힘을 기울였습니다. 또한 1970년대에 거액을 들여 세계 일류기업에 기술연수를 보냈으며, 1979년까지 총 207명을 선진 7개국에 기술 연수시켰습니다. 현재 재계에 현대양행 출신 임원이 많은데 그들이 현대양행 시절 기계공학, 금속 및 기계공업 분야에서 양성된 사람들이 많아, 운곡의 현대양행은 오늘날 우리나라 중공업 사관학교로 불리기도 했습니다. 1991년에는 국내 선두그룹의 일원으로 한라그룹이 미국의 롱아일랜드대학에 교육과정을 개설하여 사원을 연수시켰으며, 1998년에는 한라그룹 연수원을 완성하여 한라그룹에 맞는 진취적 · 창의적 · 국제적 인재를 자체적으로 양성하였습니다.

1979년 전까지 총 207명이 미국(GE, Combustion Engineering, Westinghouse)과 독일(Demag, Waldrich Coburg, Waldrich Siegen), 이탈리아(Terni), 프랑스(Poclain), 스웨덴, 일본(Hitachi), 호주 등 7개국의 관련회사로 파견되어 선진기술을 습득해 돌아왔습니다. 당시에 기술을 습득한 엔지니어들은 오늘날까지도 우리나라 각처에서 저마다 뛰어난 핵심 기술 인력으로서 빛을 발하고 있습니다. 또 운곡은 1991년 11월 1일 미국 롱아일랜드 대학의 슈타인버그 총장과 '한 · 미 비즈니스 연구계획 협약'을 체결하고 기업이 필요로 하는 커리큘럼을 개설하여 체계적으로 사원을 연수시켰습니다. 이러한 시도는 국내기업으로서는 한라그룹이 선두그룹에서 시행한 것입니다. 이러한 맥락에서 한라대학교는 운곡의 인재경영이라는 경영이념이 실현된 인재양성의 요람으로 볼 수 있습니다.

지식경영

" 'Knowledge powers performance'란 격언은 기억해 둘 만한 것입니다. 임직원 여러분은 추야장장(秋夜長長)의 계절에 책 한권이라도 더 읽음으로써 앞으로 뜻있는 일들을 많이 해낼 수 있는 소양을 갖추는데 소홀하지 말기를 바랍니다."

지식경영이란 기업이 새로운 가치창출을 위해 조직 내 · 외부적으로 지식자산을 개발하고, 학습을 통해 전사적으로 확산되도록 하는 경영을 의미합니다. 학자들은 과거 산업사회의 토지, 노동, 자본과 같은 전통적인 생산요소의 효용은 이제 한계에 이르렀고, 앞으로는 지식이 생산의 유일한 근원이라고 판단하고 있습니다.

운곡은 학여역수행주(學如逆水行舟)라는 중국 격언을 되새기면서 평생 책을 손에서 놓지 않고 모든 정보를 수집 · 분석하는 치밀한 경영을 하였습니다. 독서를 통해 운곡은 언제 어디서 누구를 만나든 대화의 맞장구를 칠 정도의 식견을 갖추었습니다.

중공업발전에 대한 신념으로 가득 차 군포공장을 짓기 전에 선진 중공업체들의 대표적 공장들을 두루 둘러보고 출장지에서 발행되는 신문, 잡지 등을 읽으며 사업구상에 몰두함으로써 지식경영을 몸소 실천했으며, 이 습관은 소천하기 보름 전까지도 이어졌습니다. 아울러 때때로 시인의 명언을 통해서 직원들에게 동기를 부여하기도 하였습니다.

오늘날 우리는 지식정보사회(knowledge/information society)라고 불리우기도 하는 시대, 무형의 자산인 지식 · 정보의 보유 여부에 의해 개인과 기업조직의 가치가 결정되는 사회에 살고 있습니다. 즉 오늘날 사회는 새로운 지식 · 정보의 습득을 위해 끊임없는 변화와 혁신을 기업과 개인에게 요구하고 있습니다. 이러한 관점에서 운곡의 지식경영은 창업 뿐 아니라 개인의 생활을 영위하는데 있어서 놓쳐서는 안되는 중요한 개념으로 볼 수 있습니다.

인간존중경영

인간존중경영은 운곡의 화합, 인간 · 인재를 중시하는 개념의 기반위에 고객만족경영을 포함한 것을 의미합니다. 운곡의 고객만족경영은 평소 고객의 의견을 존중하고 고객의 충족되지 못한 욕구 또는 새로운 욕구를 미리 파악하여 기회가 오면 충족시켜 줌으로써 수주 또는 마케팅을 성공적으로 수행하는 것을 말합니다. 고객만족경영을 위해서 운곡은 고객욕구 중 '신용', '납기', '혼을 담은 제품이나 서비스'를 강조하고 실천하였습니다.

현대양행 시절 양식기를 수출 선적하기 위해 부산외항에서 대기 중인 화물선으로 옮기다가 바닷물에 빠뜨리는 사고가 일어났었습니다. 열흘도 남지 않은 수출화물의 납기와 품질을 맞추기 위해 이 때 운곡은 전 직원을 동원 비상체제로 생산하여 결국 물건을 원래의 행선지 영국으로 납기에 맞추어 보냅니다. 물에 빠진 식기에 따른 손해는 8만 달러였지만 고객만족을 위해 고객과의 신용을 지키는 경영자의 강한 경영이념을 잘 드러낸 사례입니다.

베트남에서의 준설공사는 또 다른 차원의 고객만족경영의 예를 보여줍니다. 1966년 3월 운곡은 전쟁 중인 베트남의 캄란만에서 준설공사를 시작했는데, 뜻하지 않은 사건이 발생합니다. 메콩강 하구에서 작업을 하던 미국의 준설선이 베트콩의 공격으로 침몰하여, 미국의 스미스 제독은 운곡에게 그 공사를 맡아 줄 것을 요청한 것입니다. 고객의 욕구를 충족시켜준다는 관점에서 운곡은 생명의 위험을 무릅쓰고 공사를 맡았고, 전쟁 한 가운데서 무려 1년에 걸쳐 공사를 마무리함으로써 고객만족경영의 본보기를 제시하였습니다.

4. 운곡 정인영의 창업과 기업 성장

운곡 정인영 회장의 창업과 한라그룹의 성장과정을 크게 3 단계로 나누어 살펴봅니다. 1단계는 창업기에 해당하는 1962~1979년으로 이 시기에는 창업을 하고 사업기반을 구축하는 활동이 주로 이루어 졌습니다. 2단계는 성장기로 1980~1989년 간 사업다각화를 통해 한라그룹의 성장기반이 구축되었습니다. 3단계는 글로벌 도약기에 해당하고 1990~1996년 업종 다변화 전략을 통한 도약기반을 구축하였습니다. 오늘날 한라그룹은 운곡 정인영 회장이 강조한 프론티어 정신과 정도경영을 바탕으로 좋은 기업의 모습을 가꾸어왔으며 그 가치관은 지금의 한라그룹 CEO 정몽원 그룹회장님을 통해 이어지고 있습니다.

여러 어려운 국내외 경제상황에서도 현대 건설에서 세계 유수의 기업들과 업무 관계를 맺고 우수한 경영 실적을 창출한 운곡 정인영 회장은 현대 건설 재직 중 기자재 수출입을 담당할 회사 설립을 구상합니다. 그리고 그의 나이 43세 때 1962년 10월 1일 (주)현대양행을 창립합니다. 당시 운곡이 직접 지은 현대양행 사명(社名)은 "5대양 6대주를 넘어 세계로 나아간다"는 진취적인 뜻을 담고 있습니다.

운곡이 창업한 현대양행은 이후 자동차부품을 생산하고, 건설 중장비를 국내 최초로 생산하며, 해외 플랜트설비 턴키 건설 등 중공업에 본격적으로 진출합니다. 창업기 시절 운곡의 경영전략의 특징을 중공업 중심 전략이라고 요약할 수 있는데, 기계장비 산업을 비롯한 중공업을 일으켜 국가에 보답해야 한다는 산업보국주의는 운곡의 경영철학에서 두드러지는 기업가정신입니다.

운곡의 중공업 전략은 이후 국가경제개발 제2차 5개년 계획과 맞물려, 경제발전과 중화학 수출산업 강국으로 가는 선봉장으로서 대한민국 국가발전의 견인차 역할을 했습니다. 예를 들어 현재 세계 1위의 담수화 플랜트 수주를 하고 있는 두산 중공업의 창원기계종합공장은 본래 운곡이 계획하고 구상했던 대규모 종합기계단지였습니다. 당시 운곡의 인재양성의지로 다양한 해외 연수를 받은 엔지니어들이 현재 창원기계공장의 각 기술 분야별 전문가로 성장해 한국 산업 발전에 원동력이 되고 있습니다. 이것이 바로 운곡이 대한민국 중공업의 개척자로 불리는 이유입니다.

[한라그룹의 창업기의 전략적 성장]

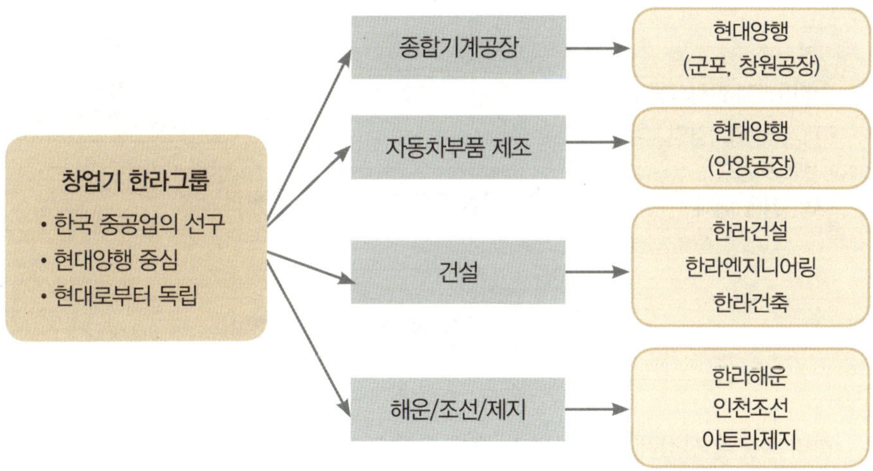

하지만 운곡의 인생에도 고난이 있었습니다. 운곡은 1980년 신군부의 '중화학공업 투자 조정 조치'로 현대양행과 계열사를 남에게 넘겨주는 큰 아픔을 겪게 되는데, 피땀을 쏟아온 현대양행 창원기계공장을 빼앗겨 사업기반이 통째로 허물어지는 위기를 맞았습니다. 그러나 운곡은 절망하지 않고 1980년 현대양행 안양공장 상호를 만도기계로 바꾸고 꿈을 향해 다시 걷기 시작했습니다. 운곡은 '전 세계 1만여 도시로 뻗어나간다는 의미'를 담아 '만도(萬都)'라고 했지만, 이는 재기의 꿈을 담은 '인간은 할 수 있다'는 뜻의 'Man do'의 의미도 담겨있습니다.

이 시기는 한라그룹의 성장기에 해당하기도 하는데, 1980년대 들어 국내외 자동차산업의 폭발적인 성장과 더불어 자동차 부품기업인 만도기계와 한라공조도 비약적으로 성장했기 때문입니다. 시멘트 건설의 재개, 한라자원 설립, 인천조선의 확장과 함께 80~91년에 해당하는 11년간 한라는 매출액 1조원이 넘는 한국 27위의 그룹으로 성장했다. 제2창업에 가까운 성공이었기에 운곡은 '재계의 오뚝이'라고 불리게 되었습니다.

[한라그룹의 성장기의 전략적 성장]

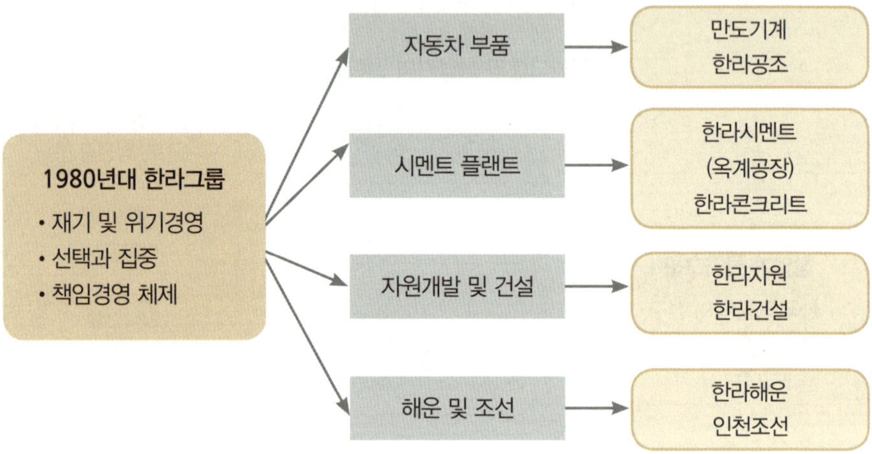

한라그룹의 성장세를 이끌던 와중에 운곡은 1989년 과로를 이기지 못하고 뇌졸중으로 쓰러져 다시 한 번 위기를 맞이합니다. 그러나 운곡은 절망하지 않고 오히려 좋아하는 책을 많이 읽을 기회가 왔다고 생각했습니다. 그리고 운곡은 초인적인 재활노력에 힘입어 건강을 회복하고 쓰러진 지 1년도 안돼 경영일선에 복귀합니다. 복귀 후 운곡은 1990년대 들어 WTO 등장으로 인한 무한경쟁시대 도래와 저임금 시대 종식과 같은 경제 환경 변화에 선제적으로 대응해 한라그룹을 글로벌 기업으로 도약시켜 나갔습니다. 한라그룹은 1992년 창립 30주년을 '국제경쟁력 강화의 해'로 설정, 경영체질의 국제화를 선언했습니다. 7월 1일, 운곡은 둘째아들인 정몽원 당시 만도기계 사장을 한라그룹 부회장으로 승진시키고 조선, 중장비 플랜트, 해외건설 등 해외영업의 원활한 추진을 위해 그룹 차원의 통합 해외영업본부를 발족합니다. 운곡은 이 시기에 그룹의 글로벌 도약을 위해 휠체어에 의지해 밤낮으로 해외출장을 다니며 자동차 중심의 해외기업 인수, 지분 참여를 확대합니다. 운곡은 해외 투자자들, 금융가들과의 협상에서 탁월한 능력을 보였는데, 국제금융기관들은 운곡의 열정에 반해 "한국이라는 나라를 보고 돈을 빌려주는 게 아니라 정인영이란 사업가를 보고 빌려 준다"고 할 만큼 운곡을 신뢰했습니다.

[한라그룹의 사업부문과 해외 진출국가]

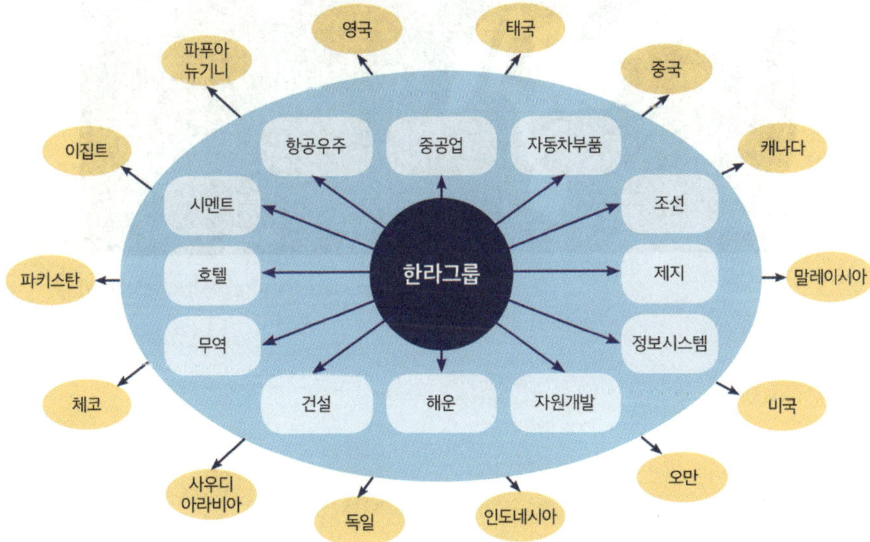

한라그룹을 글로벌기업으로 성장시킨 운곡은 1996년 12월 24일 경영일선에서 물러나 명예회장이 됩니다. 창업 35년 동안 운곡 정인영이 이룬 성과는 대단했습니다. 한라그룹은 자산 6조 2000억 원, 21개 계열사를 둔 재계 12위로 성장해 있었습니다. 운곡은 도전정신으로 한국 중공업의 씨앗을 심었고(1962~1979), 오뚝이 정신으로 한라그룹을 일으켜(1980~1996) 정도경영으로 한라의 성장발전(1996~2006)을 도모했습니다. 운곡은 한국 중공업 발전의 견인차 역할, 산업보국의 사회적 책임경영을 다한 뒤 일선에서 물러납니다. 오늘날 한라그룹은 정몽원 회장 체제하에 프런티어 정신과 정도경영을 바탕으로 국민에게 사랑받는 진정성 있는 기업으로 지속성장하고 있습니다.

(출처: http://jmagazine.joins.com/forbes/view/312054)

5. 4차 산업혁명시대의 기업가정신

4차 산업혁명의 기술(IoT, AI 등)이 컴퓨터, 네트워크, 모바일을 기반으로 인간과 기계의 융합, 가상과 현실의 융합, 스마트, 네트워크, 자율과 같은 특징을 보이며 인간의 생산 활동 혹은 생산 양식에 근본적인 변화를 일으키고 있습니다. 기업은 디지털 역량을 통해 고객과 시장의 파괴적 변화를 이끄는 '디지털 전환(Digital Transformation)'에 주목하고 있으며, 인터넷을 기반으로 하는 디지털 전환은 적은 비용과 소수의 인력으로 지리적 공간 없이도 비즈니스의 규모를 키우는 혁신을 가능하게 하고 있습니다. 지리적 위치와 거리의 중요성이 낮아져 지역과 국가의 장벽이 없어지고, 위치에 관계없이 다양한 주체 간 상호작용과 거래를 통한 비즈니스가 가능 해졌으며, 이러한 특성은 과거에 비해 개인이나 기업이 더욱 빠르게 일정 수준의 시장 규모를 확보하게 돕고 있으며, 혁신에 도달하기 위한 장벽을 낮추고 있습니다. 4차 산업혁명이 장기적 관점에서 사회 전반의 패러다임 전환인 것에 비해 디지털 전환은 기업의 입장에서 현재 진행되고 있는 실질적인 변화이며, 기업 운영과 업무에 있어서도 자동화, 가상화, 지능화, 구성원 간 수평적인 연결, 네트워크화 같은 특성이 나타남에 따라, 기업과 개인의 기업가정신이 각각 부각되고 있습니다.

그렇다면 기업가정신은 어떻게 달라졌는가? 기업가정신에 대한 기존 개념은 창업을 해서 중소기업, 대기업으로 성장시키는 것을 의미 하였으나 이제는 기업에게 있어 중요한 것은 지식(Knowledge)인데 결국 지식을 보유한 것이 '개인'이고 '개인성'을 강조하는 스타트업이 최근 급성장하는 이유이기도 합니다. 즉, 부가가치 창출의 주역이 기업에서 개인으로 변화하고 있으며 이러한 특징이 Lean

서 2018년에는 무려 60억 달러 이상으로 늘었습니다. 국내에서는 콘테크라는 개념조차 잘 알려지지 않은 상황이지만 이미 글로벌 시장에서는 콘테크 바람이 불고 있는 셈입니다.

대표적인 콘테크 선두주자는 카테라(Katerra)라는 프리패브리케이션 공법을 공급하는 스타트업입니다. 이 회사는 2018년 소프트뱅크로부터 8억 6,500만 달러를 투자받으면서 큰 주목을 받았는데, 이들의 강점인 프리패브리케이션 공법이란 건설 자재를 공장에서 생산해 현장에서 조립하는 방식으로 기존의 복잡했던 건설 과정을 단순화 합니다. 보통 건설은 사업 계획부터 설계, 자재구매, 시공에 이르기까지 수많은 단계를 거치게 되고 단계마다 주체와 이해관계가 달라 효율성 저하를 가져오기 마련이었는데 카테라는 이 과정을 일원화했습니다. 엔드투엔드(End-to-End) 프로세스로 생산성과 효율성을 높였고 단순히 과정을 줄인 것에 그치지 않고 모든 과정에 BIM(Building Information Modeling), 클라우드 ERP, 자재 추적 관리 시스템 등 4차 산업 핵심 기술을 도입했습니다. 거기에 글로벌 공급망 구축, 고객 맞춤형 설계 등을 더하면서 건설 산업의 패러다임을 근본적으로 바꾸고 있습니다.

우리 한라그룹도 콘테크와 유사한 분야의 기술을 발굴하고 개발하기 위해 많은 노력을 기울이고 있습니다. 지난 2017년 한라는 두산건설과 지에스아이엘과 '스마트 건설안전관리시스템'이라는 기술을 공동으로 개발했습니다. 이 기술은 터널 내 설치되는 무선신호 송수신 설비를 활용해 터널 근로자의 출역상황과 현재 위치 파악, 작업환경 정보를 획득하여 위험성을 실시간으로 파악하고 모니터링 하는 기술로서 터널과 지하구조물 공정에서 근로자가 웨어러블 장비를 착용함으로서 안전성을 높이는 ICT 융합의 기술입니다. 이러한 혁신성을 국토교통부로부터 인정받아 건설신기술 제828호를 지정받기도 했습니다.

생각 나누기

1. 평설립자의 기업가정신을 이해하는 것은 우리 대학생활에 어떤 장점이 있을까요?

2. 오늘날의 젊은 세대들은 한국의 1세대 기업가에 비해 기업가정신이 약하다고 평하기도 합니다. 1세대와 달리 우리 세대가 지향해야할 기업가정신은 어떤 모습일까요?

참고문헌

강혜정, 〈대학생 창업아카데미 사업의 실태 분석 연구〉, 석사학위논문, 중앙대학교 교육대학원, 2015

고영숙 · 고혁진 · 김용태 · 김진수 · 이채원 · 최종인 · 황보윤, 〈손에 잡히는 기업가정신〉, 2016

김명지 · 손덕호, 〈손정의의 선제경영 35년〉, 《ECONOMY CHOSUN》, 165호 pp.10-17, 2016

김성수, 〈성공한 창업자의 기업가정신〉, 삼영사, 2009

김영환, 〈기업가정신 연구 동향: 기업가정신 관련 학술지 게재 논문 분석결과를 중심으로〉 과학기술정책, 24(3,4), pp.65-75, 2014

김유선, 〈비정규직 규모와 실태〉, www.klsi.org/한국노동사회연구소, 2016.06

김재명, 〈경영학원론〉, 법경사, 1999

김재윤, 〈창업아이템의 기술특성요인이 기업성과에 미치는 영향〉

김형길 · 정구도, 〈창업경영〉, 두남, 2012

남정민 · 김성환 · 방누수, 〈기업가정신과 창업〉, 북넷, 2014

노재구, 〈기업가 및 기업가정신에 관한 이론적 고찰〉, 충북개발연구, 10(2), pp.1-31, 1999

노형진, 〈기업가정신의 발전과정에 관한 연구〉, 한국전문인학회지, 1(1), pp.121-137, 1998

박남규 · 한재훈, 〈중소기업의 기업가정신이 성장 및 국제화전략에 미치는 영향에 대한 고찰〉, 중소기업연구, 30(4), pp.157-170, 2008

박정민 외 3인, 〈최신 경영학의 이해〉, 비앤앰북스, 2011

박용성 · 주윤황, 〈창업경영〉, 학현사, 2014

배종태 · 차민석, 〈기업가정신의 확장과 활성화〉 중소기업연구, 31(1), pp.109-128, 2009

배종태 외 3인, 〈한국형 기업가정신 모델 정립에 관한 연구〉, 창업진흥원, 2009

이덕훈, 〈창업학의 이해〉, 비앤엠북스, 2015

이상국, 〈한국경영자의 기업가정신에 관한 연구〉, 연세대 석사학위논문, 1977

이상석, 〈창업록〉, 청람, 2015

이상석 · 고인곤, 〈기업가정신과 창업〉, 학현사, 2014

이신모, 〈청년창업학〉, 두양사, 2012

이윤주 외 5인, 2014, 〈기업가정신의 국제 비교를 통한 창업 환경 진단 및 개선 방안〉, 과학기술정책연구원

이윤주, 〈창조경제 시대의 창업 활성화 방안 통계청 자영업자 현황〉, 과학기술정책 연구위원(http://www.index.go.kr/potal/main/EachDtlPageDetail.do?idx_cd=2779)

이윤준, 〈창조경제와 기업가정신〉, 과학기술정책, 24(3,4) pp.48-55, 2014

이춘우 외 6인, 〈기업가정신의 이해〉, 한국청년기업가정신재단, 2014

임현진 · 서이종, 〈한국 벤처기업가, 벤처기업가정신〉, 인간사랑, 2003

정성미 외1, 〈고용동향과 시사점〉 2016.03(매월 고용동향분석)

정승화, 〈사업개발론〉, 박영사, 2005

정태용, 〈아산 정주영의 기업가정신과 창업리더십〉, 삼영사, 2007

정희수 · 조윤형, 〈최고 경영층의 전략적 리더십 및 기업성장〉 전략경영연구, 4(2), pp.53-76, 2001

중소벤처기업부, 〈성큼성큼〉, 2016

중앙시사매거진 포브스코리아, 〈한국의 기업가정신을 찾아서〉, 2016.6.23.

특허청, 〈한국발명진흥회 스타트업을 위한 IP가이드〉

피터드러커 지음/이재규 옮김, 〈미래사회를 이끌어가는 기업가정신〉, 한국경제신문, 2010

한국청년기업가정신재단 기업가정신 교육팀, 〈대학 창업운영 매뉴얼 3.0+〉, 2019

한길석, 〈창업과 기업가정신〉, 비앤엠북스, 2014

한밭대학교 창업경영대학원, 〈석사학위논문〉, 2016

황명수, 〈기업가사 연구〉, 단대출판부, 1976

황일청, 〈기업가정신의 소고〉, 《경영연구》, 10(1), 고대기업경영연구소, 1973

저자소개

김만술
서울대학교 대학원 경영학과 (경영학 석사)
미국 Univ. of Missouri (통계학 석사)
미국 Univ. of Alabama (재무학 박사)
현, 한라대학교 경영학과 교수

박철수
KAIST 경영대학 경영공학 석사
KAIST 경영대학 경영공학 박사
현, 한라대학교 경영학과 교수

윤재호
미국 University of Utah, 경제학 박사
삼성경제연구소(SERI) 수석연구원
현, 한라대학교 경영학과 교수

조진행
연세대학교 대학원 (경영학석사)
영국 Univ. of Wales College of Cardiff (물류경영학 박사)
현, 한라대학교 경영학과 교수

민정기
미국 Univ. of Southern California (전산학 석사)
미국 Univ. of California, Irvine (경영학 석사)
미국 Claremont Graduate University (경영정보학 박사)
현, 한라대학교 관광경영학과 교수

4차 산업시대의 **기업가정신과 창업**

2020년 4월 5일 제1판 1쇄 발행
2022년 2월 25일 제1판 2쇄 발행

저 자 김만술 · 박철수 · 윤재호 · 조진행 · 민정기

발행인 한 의 명
발행처 명 경 사

(본사) 서울특별시 강남구 선릉로 120 우성 B/D 3-102
전 화 : 010-6211-8981 팩 스 : 0504-338-2135
(지사) 경기도 파주시 맥금동 557-24
Home-page : www.mkspub.com
E-mail : mkspub@daum.net
등록 2000년 8월 9일 제 10-2024(倫)

• 정가 23,000원

ISBN 979-11-88052-29-5